Das Leben liebt mich

zu mehr Selbstbewusstsein und deiner eigenen Selbstfindung

+in 30 Tagen zu mehr Selbstliebe

Luisa Schneider

ISBN: 9798769195280

Inhaltsverzeichnis

Believe
in yourself
and
you will be
Unstoppable

EINLEITUNG

Es heißt, dass ein Mensch erst ab dem dritten Lebensjahr dazu in der Lage ist, sich selbst als eine Person zu begreifen. Vorher existiert für ihn nichts anderes als die Außenwelt. Innere Konflikte, Monologe mit sich selbst oder die Vorstellung, einzigartig zu sein, gibt es bis dahin nicht. Mit anderen Worten wird auf der Schwelle vom Baby zum Kleinkind aus einem instinktgesteuerten Wesen ein bewusstes Individuum.

Das klingt erst einmal sehr technisch und reichlich theoretisch, wirft aber eine interessante und überaus praxisbezogene Frage auf. Eine Frage, zu der ich von dir, mein lieber Leser, gern eine stille Antwort hätte. Du musst sie nicht laut aussprechen. Auch musst du mir im Anschluss an diese Lektüre keine E-Mail mit dem Betreff "Antwort auf praxisbezogene Frage" senden oder mir auf die Mailbox sprechen. (Was natürlich nicht heißt, dass du es nicht trotzdem tun darfst.) Die Antwort geht nur dich etwas an und entscheidet darüber, ob du dieses Buch zu Ende lesen oder nach der Einleitung wieder weglegen wirst.

Ich möchte, dass du versuchst, dich daran zu erinnern, wie es war, als du noch drei Jahre alt warst. Erinnere dich an die Zeit, als die Welt noch völlig neu für dich schien und du noch nicht wusstest, was dich in ihr erwarten würde, geschweige denn, wie es in ihr zugeht, sobald du den Status eines Kindes überschritten und den eines Erwachsenen erlangt hast. Was ich meine, ist die Zeit, in der sich alles wie ein Wunder anfühlte und du noch frei warst von allen Vorurteilen und allen Prägungen. Ein unbeschriebenes Blatt, sozusagen.

Wenn es dir schwerfällt, dich daran zu erinnern und du vielleicht kein klares Bild in deinen Kopf bekommst oder das Bild Lücken hat und unscharf ist, dann - keine Sorge - funktioniert bei dir alles richtig. Wir Menschen vergessen nun mal. Das ist völlig natürlich und in den meisten Fällen auch gut so. Auch von diesem Buch wirst du einige Dinge wieder vergessen und vermutlich wirst du nie in der Lage sein, es Wort für Wort zu rezitieren. Das ist auch nicht relevant. Entscheidend ist, dass du das Wichtige behältst und dich nicht nur daran erinnerst, sondern es verinnerlichst.

Aber ich möchte dich nicht länger auf die Folter spannen. Du willst bestimmt endlich wissen, wie die "praxisbezogene Frage" lautet und was es mit ihr auf sich hat. Okay, also wieder auf Anfang. Und das meine ich wörtlich. Du bist soeben drei Jahre alt geworden und wie es der Zufall so will, ist das auch genau der Zeitpunkt, an dem du dich aus dem Unbewussten erhebst und zu einer Persönlichkeit wirst. Du blickst in den Spiegel und anstatt ein anderes - exakt gleich altes - Kind zu sehen, erkennst du dich selbst. Du schaust in Augen, von denen du weißt, dass es deine sind und noch bevor du deine Körperhaltung änderst, weißt du, dass das Spiegelbild es dir gleichtun wird.

Nun meine Frage: *Glaubst du an die Liebe auf den ersten Blick?*
Vermutlich hast du diese Frage schon oft gehört und dir eine Meinung darüber gebildet, ob sich zwei Menschen bei ihrer ersten Begegnung ineinander verlieben können. Doch wie lautet deine Meinung im Kontext von Selbstliebe dazu?

War dir die Person, die die linke Hand hebt, wenn du es mit der rechten tust, sofort sympathisch oder konntest du sie nicht so recht leiden? Hast du dich als das akzeptiert, was du warst oder ist dir da schon aufgefallen, dass du nicht perfekt bist? Dass du Fehler und Unzulänglichkeiten hast, für die du dich schämst?

Genau genommen gibt es nur drei mögliche Antworten auf diese - zugegebenermaßen unkonventionelle - Frage:

1. Ja, ich habe mich von Anfang an selbst geliebt.
2. Nein, ich konnte mich nicht vollständig akzeptieren.
3. Liebe auf den ersten Blick am 3. Geburtstag? Ernsthaft?!

Ich glaube dieses Buch ist nichts für mich.

Am Anfang sagte ich, dass deine Antwort darüber entscheidet, ob du weiterlesen wirst oder nicht. Nun, das war sowohl gelogen als auch wahr. Gelogen, weil jede der drei Möglichkeiten bedeutet, dass du weiterlesen solltest, und wahr, weil du es aus einem jeweils anderen Grund tun solltest, für den du dich jedoch bereit fühlen musst. Wenn dir nicht sofort eine vierte Antwort à la "Spielt keine Rolle, denn ich liebe mich *jetzt* und nur das zählt" gekommen ist, gehörst du zu dem Personenkreis, der von diesem Buch enorm profitieren kann. Ich schreibe deshalb im Konjunktiv, da die Tatsache, *ob* du mit einem Mehrwert aus der Lektüre gehst, in deinen Händen liegt.

Du wirst in den kommenden 30 Tagen das Handwerkszeug bekommen, dein Leben als das wahrzunehmen, was es wirklich ist: Die *Chance*, glücklich zu sein. Die *Chance*, zu tun, was du möchtest. Die *Chance*, dich selbst zu verwirklichen und mit dir und deiner Umwelt in Harmonie zu leben. Es bleibt jedoch nur eine *Chance*, solange du sie a) nicht ergreifst und/oder b) nicht einmal weißt, dass du sie hast.

Bevor wir richtig einsteigen und du von mir deine Grundausstattung in Sachen Selbstliebe ausgehändigt bekommst (die du übrigens nicht zurückgeben musst, sondern für den Rest deines erfüllten Lebens behalten darfst), bevor ich dir die Möglichkeiten aufzeige, den Nebel der Unsicherheit zu lichten und die Klarheit der Selbstbestimmtheit zu genießen, möchte ich dir noch kurz erklären, warum jede der drei Antworten dazu führt, dass das Lesen dieses Buches ein Gewinn für dich ist.

Jetzt zeigt sich übrigens, ob du zu der selbst optimierten (aber auch etwas ungeduldigen) oder zur neugierigen (und damit gemächlicheren) Sorte gehörst. Entweder springst du zur Begründung *deiner* Antwort oder du liest dir auch die anderen durch. Ich bin gespannt, wofür du dich entscheidest.

1 Du bist mit Selbstliebe auf die Welt gekommen und warst von Anfang an erleuchtet. Mit der Zeit ist dieses Licht entweder ausgebrannt, dunkler geworden oder - im besten Fall - immer noch da. Wenn das Licht deiner Selbstliebe erloschen ist, werde ich dir dabei helfen, es neu zu entzünden. Wenn es an Intensität eingebüßt hat, tauschen wir die Lampe gegen eine neue, noch hellere und langlebigere aus und wenn die Selbstliebe nach wie vor in dir lodert, wird dich die von mir durchgeführte Wartung in deinem Denken bestärken.

2 Schon als Kind fiel es dir schwer, dich selbst zu lieben und vielleicht ist das auch heute noch der Fall. Du beneidest Menschen, die eine angeborene Liebe zu sich selbst empfinden und mit sich im Reinen sind und wärst gern so wie sie. Kurze Antwort: Das bekommen wir hin! Lange Antwort: Du musst mir helfen, dir zu helfen. Gemeinsam schaffen wir das. Allerdings nur, wenn du mir versprichst, genau zu lesen und die Hinweise in diesem Buch umzusetzen. Keine Sorge, innere Zufriedenheit kann man lernen. Man muss nicht mit ihr geboren werden.

3 Wir beide verstehen uns, lieber Leser. "Ernsthaft!?" wäre auch meine Antwort gewesen, wenn man mir die Frage noch vor ein paar Jahren gestellt hätte. Bei mir ist es sogar so, dass ich mich an mein drittes oder viertes Lebensjahr überhaupt nicht erinnern kann. Keine Ahnung, ob ich mich geliebt habe oder nicht. Und darüber hinaus kann ich mit esoterischen Phrasen nach dem Motto "Selbstliebe ist tief in uns verwurzelt, wir müssen sie nur finden" nicht viel anfangen. Ich bevorzuge handfeste Dinge. Und genau das kannst du auch vom Rest dieses Buches erwarten. Ich werde dich nicht mit Tschakka-Sprüchen anheizen, nur damit das Feuer der Euphorie erlischt, sobald du um die Ecke biegst. Du wirst auch keine Binsenweisheiten bekommen, die sich zwar eloquent lesen, aber keinen wirklichen Effekt auf dein Leben haben. Was du hier erhältst, sind Werkzeuge und *klare Handlungsanweisungen,* die dazu führen werden, dass du dich liebst und mit dir selbst im Reinen

bist. Nicht mehr, aber auch nicht weniger.

Doch was bringt Selbstliebe überhaupt? Warum sollte es erstrebenswert sein, sich zu mögen? Hat nicht auch eine kritische Betrachtung der eigenen Person ihre Vorteile? Kann eine Portion Unzufriedenheit oder gar Selbsthass nicht sogar die Motivation fördern, an sich zu arbeiten und sich zu verbessern? An dieser Stelle möchte ich auf das 5. Kapitel dieses Buches verweisen, in dem wir die Vorteile genau aufschlüsseln und ich dir erkläre, warum sich Selbstliebe und die Motivation zur persönlichen Verbesserung nicht gegenseitig ausschließen. Für den Moment möchte ich dir nur einen kleinen Ausblick geben, was dich erwartet, wenn du die Informationen dieses Buches befolgst und dich selbst vollständig lieben lernst. Außerdem möchte ich dich bitten, nicht jetzt schon das 5. Kapitel aufzuschlagen, sondern es dir zu verdienen, indem du dich bis dahin vorarbeitest. Manchmal sparen Abkürzungen keine Zeit, sondern zerstören den Lernprozess. Ich vertraue auf deine Ehrlichkeit. Doch zurück zum eigentlichen Thema.

Menschen, die sich selbst lieben, ...

... sind in der Lage, schneller und bessere Entscheidungen zu treffen.
... werden von Anderen als selbstbewusster und sympathischer wahrgenommen.
... leben in Glück, Harmonie und mit Zuversicht.
... erreichen ihre Ziele einfacher und effizienter.
... haben mehr Spaß im Leben.
... sind körperlich gesünder und leben länger.

... sind vermutlich aufmerksame Leser dieses Buches.

Zugegeben, der letzte Stichpunkt ist nicht zu 100% ernst gemeint, dennoch sind die Vorteile, die eine gesunde Selbstliebe mit sich bringt, enorm und überaus erstrebenswert. Wenn dich auch nur einer der Punkte angesprochen hat, weil du ihn gern für dich in deinem Leben erreichen möchtest, dann bist du bei diesem Buch genau richtig. Gemeinsam werden wir deinen Wunsch in Realität verwandeln und deine Selbstliebe erstrahlen lassen, damit sie dir den Weg in eine glückliche und erfüllte Zukunft weist.

Den ersten Schritt hast du mit dem Lesen der Einleitung bereits getan. Ab dem nächsten Kapitel beginnen die 30 Tage deines Selbstliebeaufbaus und damit du den größtmöglichen Mehrwert daraus ziehst, bin ich auf deine Mitarbeit angewiesen. Strecke dich also nochmal ordentlich, atme tief ein und aus, schüttele alle anderen Gedanken ab, die dich belasten und blättere auf die nächste Seite. Ich warte dort auf dich!

Kapitel 1: Tag 1

Selbstliebe vs. Egoismus

Wie versprochen habe ich auf dich gewartet, lieber Leser, und ich freue mich, dass du es bis hierhin geschafft hast. Damit bist du vielen anderen Lesern einen wichtigen Schritt voraus. Es mag zahlreiche Gründe geben, weshalb man die Lektüre eines Buchs während oder nach der Einleitung abbricht und die Tatsache, dass keiner davon auf dich zutrifft, ist der Beweis, dass es dir mit dem Aufbau und der Kultivierung deiner Selbstliebe ernst ist. Du möchtest etwas lernen, an dir arbeiten und dich verbessern. Verlieren wir also keine Zeit und steigen direkt ins Thema ein. Am ersten deiner 30 Tage beschäftigen wir uns mit der Definition von...

Selbstliebe.

Leider kann ich deinen Gesichtsausdruck nicht sehen, wenn dir dieses Wort begegnet. Obwohl es in aller Munde ist und du es sicherlich schon oft gehört, gelesen oder vielleicht sogar auch darüber geredet hast, fällt es vielen schwer, eine allgemeingültige Definition zu finden. Dafür, dass es sich um ein so wichtiges und so komplexes Thema handelt, scheint es kaum verifizier- und belastbare Informationen darüber zu geben.

Nehmen wir das Internetlexikon "Wikipedia". Die deutschsprachige Seite zum Thema Selbstliebe kommt mit weniger als 500 Wörtern aus. (472, um genau zu sein.) Zum Vergleich: Das entspricht nicht einmal einem Drittel der Einleitung dieses Buches. Und um es noch weiter auf die Spitze zu treiben, hier eine weitere Zahl: Der "Wikipedia"-Eintrag zum Thema "Schrauben" kommt auf über 6.000 Wörter. Ein kleiner metallischer Gegenstand, der sich durch ein Gewinde auszeichnet, nötigt der versammelten Autorenschaft der wohl größten Enzyklopädie der Welt die 12-fache Menge an Wörtern von *der* Eigenschaft ab, die für deinen Erfolg, deine Zufriedenheit und deine Balance im Leben verantwortlich ist. Das ist eine alarmierende Zahl, die die Notwendigkeit eines Buches wie das, welches du jetzt gerade liest, deutlich unterstreicht.

Jeder kennt den Begriff Selbstliebe, doch fast niemand *begreift* Selbstliebe wirklich. Es ist also wichtig, dass wir uns auf eine Definition einigen, mit der wir beide - du, lieber Leser und ich - etwas anfangen können und die wir für die weitere gemeinsame Arbeit immer wieder nutzen können.

Der wohl größte Fehler, der bei der Auseinandersetzung mit Selbstliebe begangen wird, besteht darin, dass die Definition mit ihrer Konnotation verwechselt wird. Und was ich mit Konnotation meine, ist dir bestimmt bereits durch den Kopf gegangen, als du den Titel dieses Buches, spätestens aber die ersten Worte gelesen hast. Ich werfe mal ein paar Glaubenssätze in den Raum, die du so oder so ähnlich höchstwahrscheinlich im Zusammenhang mit Selbstliebe schon einmal gehört hast:

"Menschen, die sich selbst lieben, sind Egoisten oder Narzissten."

"Wer sich selbst liebt, achtet nicht auf andere, sondern nur auf sich."

"Selbstliebe ist eine fixe New-Age-Idee und esoterischer Quatsch."

"Nächstenliebe ist wichtiger als Selbstliebe."

"Selbstliebe ist unredlich und ein Ausdruck der Verrohung der Gesellschaft."

Um es kurz zu machen, lieber Leser, all das ist Selbstliebe nicht. All diese - mehr oder weniger validen - Gedanken sind Begleiterscheinungen einer fehlgeleiteten Liebe zur eigenen Person, die mit der Selbstliebe, die hier in diesem Buch behandelt wird, nicht das Geringste zu tun hat. Bevor wir uns gemeinsam anschauen, wie falsche Glaubenssätze entstehen und was sie bewirken können, erfährst du nun *meine* Definition von Selbstliebe.

Es handelt sich hierbei um die bedingungslose Akzeptanz der eigenen Person und um das Selbstverständnis, wertvoll und wichtig zu sein. Selbstliebe bedeutet, den eigenen Körper und die eigene Persönlichkeit anzunehmen, sich deren Stärken und Wachstumsfeldern bewusst zu sein und sie wertzuschätzen. In Harmonie mit sich zu sein und das eigene Leben als ein unbezahlbares Geschenk zu betrachten, welches einem jeden Tag, jede Stunde und jede Minute aufs Neue gemacht wird, das ist ein Zustand, den man als Selbstliebe oder Eigenliebe bezeichnet.

Was Selbstliebe jedoch auf keinen Fall ist, ist der Gedanke, sich für perfekt und fehlerfrei zu halten, zu glauben, man sei per se besser als andere Menschen und man müsse nichts an sich ändern. Glaubt man dies, bewegt man sich nicht auf dem Gebiet der Selbstliebe, sondern dem der

Selbstlüge. Und damit haben wir den ersten und wichtigsten Grund gefunden, weshalb negative Glaubenssätze über das Thema dieses Buches entstehen können.

Sich selbst liebenden Menschen wohnt eine Objektivität inne, während die Selbstlügner sich ausschließlich subjektiv betrachten. Der Unterschied besteht darin, dass der Lügner nicht wahrhaben kann oder will, dass es Punkte gibt, in denen er sich noch weiterentwickeln kann, dass er Baustellen hat, an denen es zu wachsen gilt und vor allem, dass er nicht *perfekt* ist. Im Gegensatz zum Lügner weiß der sich selbst liebende Mensch, dass sein Körper nicht der eines Marvel-Superhelden ist, sein Geist nicht der eines Stephen Hawking und sein Altruismus nicht der einer Mutter Teresa. Doch genau dieser Umstand macht ihn stärker und besser als den Lügner. Denn die Tatsache, dass man Fehler bei der eigenen Person ausblendet, sorgt nicht dafür, dass die Fehler verschwinden. Im Gegenteil: Wer die eigenen Fehler nicht kennt, kultiviert sie und macht sie immer wieder und wieder, mit jedem neuen Mal vielleicht sogar intensiver als zuvor.

Der sich selbst liebende Mensch ist in der Lage, Fehler bei sich festzustellen, sie als (vielleicht nur temporären) Teil seines Selbstes zu akzeptieren und sie als Chance aufzufassen, in genau diesen Punkten besser zu werden. Ich möchte dir, mein lieber Leser, gern ein Beispiel dazu geben, welches mich sehr geprägt hat, als ich es zum ersten Mal hörte.

Quentin Tarantino gilt als einer der größten Autorenfilmer aller Zeiten. Er ist ein Mann, der für seine hervorragend geschriebenen Dialoge und unkonventionellen

Inszenierungen bekannt ist. Außerdem ist er neuerdings unter die Romanautoren gegangen und hat seine Story "Once Upon a Time... in Hollywood" als selbst verfasstes Buch veröffentlicht. Und jetzt kommt der Hammer: Quentin Tarantino ist Legastheniker. Er ist weder in der Lage, einen vollständigen Satz fehlerfrei niederzuschreiben, noch ihn ohne zu stottern vorzulesen.

Schauen wir uns an seinem Beispiel den Unterschied zwischen Selbstlüge und Selbstliebe an. Der Lügner hätte den eigenen Mangel nicht anerkannt. Er hätte so getan, als existierte er nicht und mit einem gewissen Maß an Arroganz hätte unser lieber Quentin Tarantino dann sein "Pulp Fiction" - Drehbuch, so wie es aus seiner Feder kam, an Investoren und Produzenten geschickt. Das Ergebnis wäre gewesen, dass Tarantino heute vielleicht Burgerbrater oder Tellerwäscher wäre und es einen der besten Filme aller Zeiten niemals gegeben hätte. Zum Glück für uns und für ihn ist Quentin Tarantino aber ein Mensch, der sich selbst zwar liebt, aber nicht narzisstisch ist.

Jetzt kommt die wichtigste Stelle dieses Kapitels. Ich bitte dich, nun genau aufzupassen und diesen Absatz gegebenenfalls mehrmals zu lesen. Quentin Tarantino stand vor der Wahl zweier Extreme: Er konnte sich dafür entscheiden, sich selbst für perfekt zu halten und mit aller Macht an seinem Traum zu arbeiten, ohne ihn jemals erreichen zu können (Selbstlüge), oder er konnte sich eingestehen, dass er kein sprachliches Talent besitzt und sich einen anderen Job suchen muss (Selbstzweifel). Und obwohl seine Filme von Extremen dominiert werden, hat er sich hinsichtlich seiner Vita für einen gemäßigten Mittelweg entschieden. Er hat seinen Makel identifiziert und analysiert, ohne sich von ihm beherrschen zu lassen.

Statt ihn zu ignorieren oder an ihm zu verzagen, hat er genau ermittelt, was notwendig ist, um trotz seiner Schwäche erfolgreich zu sein. Und nun kommt der zweite Hammer: Ohne seine Schwäche wären Quentin Tarantinos Filme sogar weniger gut als sie es mit seiner Legasthenie sind. Normalerweise schreiben Autorenfilmer ihre Drehbücher komplett selbst und auch Tarantino hätte dies so gehandhabt, wenn er keine LRS gehabt hätte. Seine Objektivität gegenüber der eigenen Person hat ihn jedoch dazu gebracht, das Notwendige zu unternehmen und einen "Script Doctor" zu engagieren. In der Konsequenz wurden die ohnehin schon guten Drehbücher nicht nur orthographisch korrekt, sie wurden zusätzlich auch noch geschliffen und erlangten damit die Brillanz, die Kritiker an Tarantinos Werken so schätzen. Grob zusammengefasst, hat er aus seiner Schwäche eine Stärke gemacht und die nicht narzisstische Liebe zu sich selbst genutzt, um seine Träume zu erfüllen und einer der anerkanntesten Künstler der Welt zu werden.

Die eigene Person objektiv zu betrachten, sie anzuerkennen und das Beste aus ihr zu machen, das ist Selbstliebe. Fehler als Chancen zu begreifen und die eigenen Stärken voll auszuspielen, sich nicht entmutigen zu lassen und ein gesundes Vertrauen in die eigenen Fähigkeiten zu haben, das ist Selbstliebe. Und zwar ist es die Art von Selbstliebe, die dazu führt, dass man andere Menschen, die wiederum eigene Fehler haben, besser akzeptieren kann und konstruktiver mit ihnen umgeht. Es ist die Art von Selbstliebe, die dazu führt, dass man die eigenen Potentiale erkennt und ausschöpft, ohne ihre natürlichen Limitationen zu ignorieren. Selbstliebe ist die Eigenschaft, die dazu führt, dass du die beste Version von dir wirst, die du sein kannst.

Du hast bestimmt schon oft den Satz gehört, dass einem im Leben alle Türen offenstehen. Und das stimmt auch. Trotzdem sind viele Menschen nicht in der Lage, vermeintlich offene Türen zu durchschreiten. Entweder ist es der Lügner in ihnen, der dafür sorgt, dass immer ein störender Fuß die Tür blockiert oder es ist der Zweifler, der heimlich den Schlüssel umdreht und ihn versteckt, noch bevor man überhaupt nachsehen kann, was sich hinter der Tür verbirgt.

In den folgenden Kapiteln wirst du erfahren, wie sich die Extreme des Lügners und des Zweiflers erkennen und besiegen lassen, sodass du - genauso wie Quentin Tarantino - weder deinen Traum aufgeben noch mit dem Kopf durch die Wand rennen musst, sondern dir deine Wünsche smart und mit Freude an der Sache erfüllst. Dass jedem Menschen ein potentieller Lügner und/oder ein potentieller Zweifler innewohnt, ist die wichtigste Erkenntnis, die du aus diesem Kapitel mitnehmen sollst. Als erfolgreicher, sich selbst liebender Mensch bist du in der Lage, zwischen diesen beiden Lagern zu verhandeln, ihre Standpunkte zu analysieren und die goldene Mitte - den Weg zum Erfolg - zu finden.

Hier und jetzt mache ich dir ein Angebot und ich würde mich freuen, wenn du darauf eingehst und es annimmst. Innerhalb der nächsten 30 Tage werden wir gemeinsam deinen inneren Zweifler und deinen inneren Lügner identifizieren. Du wirst erfahren, woran du sie erkennst, was sie ausmacht und wie du mit ihnen umgehen musst. Du wirst lernen, sie nicht als Hindernisse zu begreifen, sondern sie wie den Süd- und den Nordpol auf deinem Kompass zu sehen. Obwohl du weder ganz in den Süden noch ganz in den Norden willst, brauchst du beide Extreme, um dich zu orientieren. Du musst wissen, was links und rechts, was oben und unten ist, damit du die Mitte finden kannst.

Im Gegenzug brauche ich von dir absolute Ehrlichkeit. Wir werden in den folgenden Kapiteln konkrete Situationen durchgehen und reproduzierbare Handlungsweisen erarbeiten. Wir werden also deinen Kompass eichen und ich zeige dir, wie du ihn benutzen musst, um jeden beliebigen Punkt zu finden. Das funktioniert natürlich nur, wenn du mich ihn eichen lässt. Am Beispiel Quentin Tarantino hast du gesehen, dass die Selbstlüge und der Selbstzweifel wenig erfolgversprechend sind. In den folgenden Kapiteln werden wir uns mit deinen Fehlern und Wachstumsbereichen befassen und so negativ, wie das im Moment klingen mag, kann ich dir eines versprechen: Am Ende wirst du sie beide lieben. Egal worin dein Optimierungsbedarf besteht (ob im Umgang mit Geld, Essen, Medienkonsum, dem eigenen Körperbild, mit Freunden, Familie oder dem Beruf), in spätestens 30 Tagen wirst du deine Baustellen in Sprungbretter verwandelt haben und dann ist der Punkt erreicht, an dem du gar nicht mehr unerfolgreich sein kannst. Wenn du deinen Kompass kennst und nutzt, müsstest du dich schon sehr anstrengen, um einen Misserfolg zu erleben. Es wird dir absurd vorkommen, jemals an dir gezweifelt zu haben oder nicht glücklich darüber gewesen zu sein, dass du der bist, der du bist.

Zum Abschluss des Kapitels ein Geständnis: Ich habe Fehler. Einige. Teilweise große. Aber ich liebe sie. Und ich liebe mich. Ein Leben ohne meine Stärken, aber auch ohne meine Schwächen, könnte ich mir nicht mehr vorstellen. Sie gehören zu meinem Kompass dazu, sind ein Teil von mir. Aber ich habe sie so in mein Leben integriert und sie mir bewusst gemacht, dass ich sie nutzen kann und dadurch die bestmögliche Version von mir geworden bin, die ich zu sein vermag. Und darf ich dir etwas verraten? Ich bin überglücklich. Seitdem ich mich selbst liebe und akzeptiere, führe ich das Leben, das ich schon immer führen wollte, von dem ich aber nie gedacht hätte, dass ich es auch führen könnte. Erst die Bewusstmachung meines inneren Zweiflers und meines inneren Lügners haben mich befähigt, über mich selbst hinauszuwachsen und im Einklang und in Harmonie mit mir und meinem Umfeld zu leben.

Ich würde mich riesig freuen, wenn dir das auch gelingt. Lass uns deshalb gemeinsam zum zweiten Kapitel übergehen. Wir haben viel zu tun in den nächsten 29 Tagen und bereits in den ersten Wochen wird sich dein Leben stark verändern. Du wirst Dinge wahrnehmen, die dir vorher verborgen schienen, Seiten an dir entdecken, von denen du nicht wusstest, dass du sie hast und vor allem wirst du spüren, wie du von Tag zu Tag glücklicher und zufriedener wirst. Also, lass uns nun umblättern und den zweiten der 30 Tage positiv beginnen.

KAPITEL 2: TAG 2-5

SELBSTLIEBETEST

Manche Menschen benötigen Jahrzehnte, um sich selbst kennenzulernen und wissen am Ende trotzdem nicht genau, wer sie sind. In diesem Zusammenhang mag das Ziel dieses Kapitels im ersten Moment überaus ambitioniert erscheinen. Wir wollen schließlich nichts anderes, als innerhalb der kommenden fünf Tage herauszufinden, wer du bist, wie du dich siehst und was dich ausmacht.

Im vorigen Kapitel sprach ich davon, dass wir deinen inneren Kompass der Selbstliebe eichen müssen, damit du in der Lage bist, das Nord und Süd sowie das Ost und West in deinem Inneren zu erkennen und für dich zu nutzen. Genau darum soll es in diesem Kapitel gehen. Ähnlich wie ein Arzt, mit dem du das erste Mal über dein gesundheitliches Problem sprichst, werde ich mit dir eine Anamnese machen, um deinen Ist-Zustand festzustellen.

Wir werden uns gemeinsam deine Glaubenssätze und deine Positionen zu einigen relevanten Themen ansehen und sie hinterher auswerten. Ich möchte dich bitten, deine Antworten auf die Fragen so detailliert (und vor allem auch so ehrlich) wie möglich in die dafür vorgesehenen Felder zu schreiben. Solltest du eine besonders große Schrift haben (was nebenbei bemerkt ein Indiz für ein ausgeprägtes Selbstbewusstsein darstellen kann) oder solltest du mehr Worte zu einem Thema schreiben, als die wenigen freien Zeilen hergeben, kannst du dir gern einen

Zettel oder Block nehmen und deine Notizen darauf anfertigen. Wie bereits erwähnt, profitierst du am meisten, wenn du dieses Buch nicht wie einen Roman behandelst, den du passiv vom Anfang bis zum Ende liest und dann weglegst, sondern indem du es wie ein Arbeitsbuch benutzt, in welches du hineinschreibst und in dem du Worte oder Zeilen markierst, die für dich wichtig sind.

Ich empfehle dir, die kommenden vier Tage intensiv zu nutzen und über die Antworten der Fragen nachzudenken. Geh tief in dich, lies dir die Fragehilfen in den Klammern durch, um dich inspirieren zu lassen und beschäftige dich ausschließlich mit dir und deinen Ansichten. Bist du bereit? Es geht los.

1.
Was bedeutet für dich der Begriff Erfolg? (Ist er für dich eher positiv, eher negativ oder neutral besetzt? Fallen dir konkrete Beispiele für erfolgreiche Menschen ein? Wenn ja, welche und was genau definiert für dich deren Erfolg?)

2.
Wenn du dich unbekleidet im Spiegel betrachtest, wie nimmst du dich wahr? (Bist du zufrieden mit deinem Körper? Hast du Problemzonen? Empfindest du dich selbst als attraktiv?)

3.

Du stellst fest, dass dir ein Fehler unterlaufen ist. Was sind deine Schritte, das Problem zu lösen? (Wie fühlst du dich dabei und wie vermeidest du eine Wiederholung des Fehlers?)

4.

Was ist deine persönliche Definition von Selbstliebe? (Ist sie für dich positiv oder negativ besetzt? Ist sie erstrebenswert oder unnötig? Ist sie etwas, was du erreichen willst, erreicht hast oder etwas, das du glaubst, nicht erreichen zu können?)

5.
Gibt es in deinem Leben Aktivitäten, die du ausschließlich für dich selbst tust und wenn ja, welche? (Hast du dabei ein schlechtes Gewissen oder kannst du Ichbezogenes genießen und wertschätzen?)

6.
Wie gehst du mit Kritik um? (Siehst du sie als Chance, dich zu verbessern oder als Angriff gegen dich und deine Fähigkeiten? Verletzt dich Kritik oder freust du dich über sie? Verfällst du bei Kritik in eine Rechtfertigungshaltung oder gehst du auf Fehlersuche bei dir selbst?)

7.

Vergleichst du dich mit anderen Menschen? (Wenn ja, vergleichst du dich mit solchen, denen es mutmaßlich besser oder schlechter als dir geht? Vergleichst du Eigenschaften, Intelligenz, Aussehen, Lebensumstände, die Gesundheit? Wie fühlst du dich, wenn du Vergleiche anstellst? Und wie vollständig sind diese?)

8.

Fällt es dir leicht oder schwer, Entscheidungen zu treffen? (Entscheidest du eher aus dem Kopf oder aus dem Bauch heraus? Lässt du Entscheidungen gern von Anderen treffen oder behältst du gern selbst die Kontrolle? Wie stehst du im Nachgang zu getroffenen Entscheidungen?)

9.
Worin bestehen deine persönlichen Wachstumsbereiche? (Wo genau möchtest du besser werden, was möchtest du an dir verändern? Was gefällt dir noch nicht ganz und womit bist du total unzufrieden?)

10.
Hast du Ziele in deinem Leben und wenn ja, welche? (Wie sehen deine kurzfristigen Ziele innerhalb der nächsten 3 Jahre aus, wie deine mittelfristigen innerhalb der nächsten 10 und deine langfristigen innerhalb der nächsten 30 Jahre? Ändern sich deine Ziele manchmal oder stehen sie für dich fest?)

____

____

____

____

____

____

____

11.
Was sind deine Talente und Neigungen? (Worin bist du besonders gut? Was machst du gern und wodurch blühst du auf? Für welche Dinge hast du in deinem Leben Lob bekommen und worin siehst du eine überdurchschnittliche Begabung bei dir?)

____

____

____

____

____

12.
Fällt es dir leicht oder eher schwer, "Nein" zu sagen? (Versuchst du, es allen recht zu machen oder kannst du Dinge, die dir nicht vollständig zusagen, ohne Probleme ablehnen? Wie fühlst du dich, wenn du "Nein" sagst oder wenn du es nicht sagen kannst, obwohl du es gern tätest?)

13.
Begegnest du Lob mit Freude oder mit Scham? (Fällt es dir leicht, positive Worte anzunehmen oder empfindest du ein Lob als unangenehm? Glaubst du, es ist gerechtfertigt, wenn dich jemand lobt? Wirst du vielleicht sogar zu selten gelobt?)

14.

Glaubst du, dass die Menschen in deinem Umfeld in deiner Abwesenheit eher positiv oder eher negativ über dich sprechen? (Bist du beliebt oder eher unbeliebt? Wie empfindest du, wenn du über die Meinung nachdenkst, die andere über dich haben?)

15.

Ist dir die Meinung, die andere über dich haben, wichtig? (Änderst du dein Verhalten aufgrund der Meinung Dritter? Erkundigst du dich aktiv nach der Meinung anderer über dich? Betrachtest du Meinungen objektiv oder

16.
Angenommen du befindest dich in einer Situation mit anderen Menschen, in der du dich langweilst und die du beenden möchtest (z.B. in einer Disko, wo du niemanden zum Reden hast oder dir die Musik nicht gefällt.) Fällt es dir in einer solchen Situation leicht, deinen Mitmenschen die Wahrheit zu sagen und dich zu verabschieden oder hast du Hemmnisse und bleibst lieber in der unangenehmen Situation? (Wie fühlst du dich bei der jeweiligen Entscheidung? Gerätst du häufiger in derartige Umstände?)

17.

Geld. Ich möchte, dass du stichpunktartig die ersten Gedanken niederschreibst, die dir einfallen, wenn du das Wort "Geld" hörst. (Macht es glücklich? Ist es gut oder schlecht? Wirkt es sich auf den Charakter aus? Ist es erstrebenswert oder egal? Spricht man darüber oder nicht?)

18.

Schlechte Nachricht. Du erfährst, dass du nur noch eine Woche zu leben hast. Wie verbringst du diese? (Trauerst du oder versuchst du, sie intensiv zu nutzen? Verbringst du sie mit Freunden, mit Familie, mit Arbeit, mit Hobbys oder mit etwas ganz anderem?)

19.

Du bist mit einem lieben Menschen im Restaurant und bestellst dein Lieblingsessen. Der Kellner kommt und bringt dir etwas, was du nicht nur nicht bestellt hast, sondern was dir obendrein auch noch nicht sonderlich gut schmeckt. Lässt du es zurückgehen oder isst du es trotzdem? (Wenn du den Kellner darauf hinweist, wie ist dann dein Ton? Bestehst du auf einer Entschädigung für die verlorene Zeit? Oder möchtest du deine Begleitung nicht brüskieren und nimmst die Situation als gegeben hin?)

20.
Stell dir vor, du hast ein Buch über Selbstliebe gekauft und musst dich mit Hilfe von 20 sehr persönlichen Fragen innerhalb von 5 Tagen mit dir selbst beschäftigen. Fällt dir die Beantwortung leicht oder schwer? Empfindest du die "Anamnese" als hilfreich oder unnötig? Hast du schon neue Seiten an dir kennengelernt oder nur bereits Bekanntes bestätigt? Bist du gespannt, worauf deine Antworten hinauslaufen?

Du hast es geschafft. Ich als dein netter Selbstliebe-Arzt erkläre die Bestandsaufnahme hiermit für beendet. Lass uns also gemeinsam die Diagnose stellen, damit wir im nächsten Kapitel zur Prognose übergehen können. Ich verspreche dir auch, mit den Arzt-Vergleichen aufzuhören, sobald das Kapitel zu Ende ist.

1 In der ersten Frage ging es um deinen Bezug zum Thema Erfolg. Wenn deine Antwort eher negativ besetzt ausgefallen ist, darfst du dir auf einem Extrazettel einen Punkt notieren. Bei einer neutralen Antwort sind es zwei und bei einer positiven Betrachtung drei Punkte.

2 Bei der Frage, wie du dein Körperbild wahrnimmst, darfst du dir einen Punkt vergeben, wenn du dich selbst nicht attraktiv findest und unzufrieden mit dir bist. Zwei Punkte hast du dir verdient, wenn du dich zwar grundsätzlich für attraktiv hältst, aber Problemzonen mit Optimierungsbedarf an dir entdeckst und drei Punkte gibt es, wenn du deinen Körper bedingungslos annimmst und dich über seinen Anblick freust.

3 Thema Fehler. Suchst du ihn zunächst bei Anderen und/oder lässt dich entmutigen bzw. verunsichern, so lautet deine Punktzahl: 1. Verursacht der Fehler zwar Unbehagen, wird von dir aber abgestellt, sodass du ihn hinter dir lässt und nicht mehr an ihn denken musst, so notierst du dir zwei Punkte. Und für den Fall, dass du analytisch vorgehst, das Problem eruierst, die optimale Lösung Schritt für Schritt umsetzt und anschließend Maßnahmen ergreifst, die eine zukünftige Wiederholung verhindern, so darfst du dir drei Punkte aufschreiben.

4 Unser Hauptthema, die Selbstliebe. Auch hier richtet sich deine Punktzahl danach, ob du den Begriff negativ (1 Punkt), neutral (2 Punkte) oder positiv (3 Punkte) siehst.

5 Bei der nächsten Frage ist die Punkteverteilung etwas anders. Wenn du nie oder selten etwas nur für dich tust, gibst du dir einen Punkt und wenn du so oft wie möglich Dinge für dich tust, zwei Punkte. Solltest du geantwortet haben, dass du immer mal wieder, aber nicht ständig Dinge für dich tust und diese dabei genießt, so darfst du dir drei Punkte auf den Zettel schreiben.

6 Dein Umgang mit Kritik. Nimmst du sie persönlich und deprimiert sie dich, ein Punkt. Denkst du über sie nach, nutzt sie, bekommst durch sie aber ein schlechtes Gefühl, zwei Punkte und betrachtest du sie als Chance, die du dankbar annimmst, um dich weiter zu verbessern, ohne jedoch destruktive Kritik an dich heran zu lassen, so notiere dir drei Punkte.

7 Vergleichst du dich stets nach oben mit Menschen, die deiner Meinung nach besser sind und fühlst dich dabei schlecht, so bekommst du einen Punkt. Vergleichst du dich nach unten, um dich besser zu fühlen, so gib dir zwei Punkte. Und wenn du Vergleiche nach oben nutzt, um zu lernen und besser zu werden sowie Vergleiche nach unten anstellst, um deinen Platz im Leben positiv herauszustellen, so vergib dir drei Punkte.

8 Es fällt dir schwer, Entscheidungen zu treffen und du lagerst sie lieber extern aus? Ein Punkt. Du triffst Entscheidungen aus dem Bauch heraus? Zwei Punkte. Du triffst Entscheidungen vorläufig mit dem Bauch, aber rationalisierst sie nachträglich im Kopf und stimmst sie mit deinem Bauchgefühl ab? Drei Punkte.

9 Du hast deprimierende Schwächen, die dazu führen, dass du dich schlecht fühlst, wenn du dich mit ihnen auseinandersetzt? Ein Punkt. Dir sind keine Schwächen eingefallen? Zwei Punkte. Du hast Schwächen, an denen du arbeitest, die du kennst und mit denen du umgehen kannst? Drei Punkte.

10 Du hast zum allerersten Mal über kurz-, mittel- und langfristige Ziele nachgedacht und hattest Probleme, konkrete Dinge zu formulieren? Ein Punkt. Dir sind eine Menge Wünsche und Träume eingefallen, von denen du nicht genau weißt, wie du sie erreichen kannst? Zwei Punkte. Du hast klare Ziele, die terminlich fixiert sind und von denen du weißt, wie sie sich erreichen lassen? Drei Punkte.

11 Dir sind keine Talente eingefallen? 1 Punkt. Du hältst dich in vielerlei Hinsicht für überdurchschnittlich und es fällt dir schwer, nur ein paar Talente zu nennen? Zwei Punkte. Du bist dir über deine Neigungen im Klaren, kannst sie genau benennen und weißt, was dich in diesen Bereichen besonders gut macht? Drei Punkte.

12 Es fällt dir unheimlich schwer, "Nein" zu sagen? Ein Punkt. Du kannst ohne Probleme "Nein" sagen und tust dies auch häufig? Zwei Punkte. Du wägst sorgfältig ein "Ja" oder ein "Nein" ab und entscheidest nach inhaltlichen und sozialen Notwendigkeiten? Klare drei Punkte.

13 Lob ist dir unangenehm und es fällt dir schwer, welches anzunehmen? Ein Punkt. Du bekommst nicht genug Lob und forderst welches ein, wenn du etwas gut gemacht hast? Zwei Punkte. Lob ist für dich die externe Bestätigung, die deine interne Überzeugung unterstützt? Drei Punkte.

14 Wenn du glaubst, dass andere Menschen dich mehrheitlich negativ sehen, so schreibe dir einen Punkt auf. Glaubst du jedoch, dass du mehrheitlich positiv gesehen wirst, so notiere dir zwei Punkte. Und wenn du der Frage keine große Bedeutung beimisst, weil du der Meinung bist, dass die Ansicht anderer weniger von deiner Person als von deren Wahrnehmung abhängig ist, so schreibe dir drei Punkte auf.

15 Die Meinung anderer ist dir wichtig und du machst deine Entscheidungen von ihr abhängig? Einen Punkt. Du hörst nicht auf die Meinung anderer, sondern bildest dir immer dein eigenes Urteil? Zwei Punkte. Du hörst dir die Meinung anderer an, lässt sie konstruktiv in deine Selbstwahrnehmung einfließen und erstellst eine objektive Schnittmenge? Drei Punkte.

16 Du sagst nichts in der Disko, sondern quälst dich bis zum Ende durch? Ein Punkt. Du verabschiedest dich, gehst und kommst nie wieder dorthin? Zwei Punkte. Du suchst nach einem Weg, die Situation für dich interessant zu gestalten, indem du beispielsweise Gespräche führst, Leute kennenlernst und neue Dinge ausprobierst? Drei Punkte.

17 Zum Thema Geld haben wir wieder die Unterteilung in negativ (1 Punkt), neutral (2 Punkte) und positiv besetzt (3 Punkte).

18 Gute Nachricht. Das hier ist nur ein Gedankenexperiment. Hast du bei der Konfrontation mit dem Tod geantwortet, dass du dich in Trauer verkriechst und lieber allein bist, so notiere dir einen Punkt. Hast du jedoch geantwortet, dass du die Dinge tust, die man von dir erwartet: Alle verabschieden, dein Leben aufräumen usw., dann notiere dir zwei Punkte und wenn du sagst, dass du die letzte Woche so richtig genießen und nutzen willst, dann bringe drei Punkte aufs Papier.

19 Du isst im Restaurant das falsche Essen und sagst nichts? Ein Punkt. Du machst eine Szene, bestehst auf einem Rabatt? Zwei Punkte. Du klärst den Kellner ohne Vorwurf über die Verwechslung auf und unterhältst dich angenehm mit deinem Gesprächspartner weiter, bis das richtige Essen kommt? 3 Punkte.

20 Die letzte Frage ist meine Lieblingsfrage, zeigt sie mir doch, wie dir das Buch bisher gefällt und ob du es auch so nutzt, wie vorgesehen. Sollten dir die Fragen sehr schwerfallen oder solltest du sie für lächerlich oder unnötig halten, so vermerke dir einen Punkt. Empfindest du die Fragen als einen Spiegel, der dir zeigt, wie es um dein Inneres bestellt ist und dich darauf hinweist, in welchen Bereichen noch Wachstums- und Änderungsbedarf besteht, so verleihe dir zwei Punkte. Wenn du jedoch geantwortet hast, dass du großen Spaß mit den Fragen hattest, dich selbst bestätigt siehst und zufrieden mit den Antworten bist, weil diese im positiven Einklang mit den in Klammern geschriebenen Hilfestellungen standen, so kannst du dir gern drei Punkte aufschreiben.

Der Selbstliebetest ist nun vollständig abgeschlossen und du hast zu jedem Thema eine Kurzdiagnose in Punkteform erhalten. Was deine

Punktzahl jedoch über dich aussagt, wie du mit ihr umgehst und sie gegebenenfalls erhöhst; auf all das bekommst du im nächsten Kapitel die Antworten. Es lohnt sich also, weiterzulesen und am Ball zu bleiben.

Wir sehen uns am 6. Tag wieder.

Kapitel 3: Tag 6 - 10

Die 7 wichtigsten Ursachen für eine schwach ausgeprägte Selbstliebe

In dieser Woche wirst du dich in deinem Alltag beobachten und auf eine Weise selbst reflektieren, wie du es vermutlich noch nie getan hast. Am Ende dieses Kapitels findest du ein paar leere Seiten, in die du deine Beobachtungen eintragen kannst. Wie immer gilt: Solltest du mehr Platz für deine Ausführungen benötigen, so nimm gern einen zusätzlichen Zettel oder Block zur Hand.

Doch bevor wir mit dem eigentlichen Thema dieses Kapitels beginnen, möchte ich deine Geduld, mein lieber Leser, nicht länger strapazieren. Du möchtest bestimmt wissen, was deine Punktzahl bedeutet und ob der Wert etwas Gutes oder Schlechtes für dich darstellt. Zunächst einmal kann ich dir versichern, dass, egal wie hoch oder niedrig deine Summe auch ist, du am Ende der Lektüre dieses Buches die Fragen sowie deine entsprechenden Antworten mit anderen Augen sehen wirst. Doch verlieren wir keine Zeit.

Insgesamt konntest du im Selbstliebetest 60 Punkte erreichen, sofern du bei jeder Antwort das Maximum von drei Punkten erhalten hast. Die Minimalpunktzahl liegt bei 20, was bedeutet, dass zwischen dem Minimum und dem Maximum ein Spielraum von 40 Punkten liegt. Du hast sicherlich schon festgestellt, dass der Test so konzipiert ist,

dass eine hohe Punktzahl auf eine stark ausgeprägte und eine niedrige Punktzahl auf eine wenig vorhandene Selbstliebe hindeutet.
Konkret heißt das für dich:

20-30 Punkte

Du liebst dich selbst so gut wie gar nicht, hast starke Probleme mit deinen inneren und äußeren Werten und machst deinen Erfolg eher von externen Faktoren abhängig, als selbst Einfluss auf ihn zu nehmen. Die gute Nachricht für dich lautet: Du wirst von diesem Buch am allermeisten profitieren. Am besten ist es, wenn du es nicht nur aufmerksam liest, sondern intensiv mit ihm arbeitest und in einem Monat den Test erneut absolvierst, um zu sehen, wie du dich entwickelt hast.

31-40 Punkte

Es gibt Teile an dir, die du liebst und wertschätzt und du verstehst es auch, in bestimmten Situationen souveräne Entscheidungen zu treffen. Trotzdem fällt es dir schwer, dich vollständig anzunehmen, sodass du immer wieder unzufrieden bist und dein Leben nicht in jeder Hinsicht so verläuft, wie du es dir wünschen würdest. Meine positive Nachricht an dich lautet: Du bist bei diesem Buch goldrichtig. Du hast bereits ein Selbstliebe-Fundament, auf dem wir aufbauen und das wir kultivieren können.

41-50 Punkte

Du hast bereits eine gesunde Selbstliebe und -wahrnehmung. Meistens fällt es dir leicht, dich anzunehmen, objektive Entscheidungen zu treffen und erfolgreich zu sein. Trotzdem gibt es noch Luft nach oben. Du weißt, dass du *gut* bist, aber du könntest *noch besser* sein. Die gute Nachricht: Mit diesem Buch schaffst du es, deine wenigen Wachstumsbereiche auszubessern und der Mensch zu werden, der du sein möchtest und der schon in dir steckt. Du bist bereits ein objektiver und souveräner Mensch, der nur noch an den richtigen Stellen die richtigen Impulse braucht, um in jeder Hinsicht das Optimum zu erreichen.

51-60 Punkte

Gib es zu, das hier war nicht dein erster Selbstliebetest und du weißt, wie du antworten musst, um eine hohe Punktzahl zu bekommen. Nein? Okay, dann möchte ich dich beglückwünschen, denn du bist bereits ein Mensch, der sich selbst akzeptiert, der sich selbst liebt, mit beiden Beinen im Leben steht und souveräne und objektive Entscheidungen trifft, die ihn zum Erfolg führen. Dennoch lohnt sich auch für dich das Weiterlesen. Zum einen wirst du die Punkte, die du bereits richtig machst, bestätigt sehen, sodass du sie künftig mit *noch mehr* Selbstvertrauen umsetzt und außerdem kannst du dir aus den Feinheiten und Nuancierungen der Selbstliebe genau die Punkte raussuchen, die deinem ohnehin schon vorhandenem Erfolg das sprichwörtliche i-Tüpfelchen verleihen, was dich zu einem rundum zufriedenen Menschen machen wird.

Unabhängig davon, wie du bei dem Test abgeschnitten hast, ist es auf jeden Fall interessant zu erfahren, wie eine niedrige Punktewertung überhaupt entsteht. Welche Ursachen sind dafür verantwortlich, dass die Selbstliebe eines Menschen entweder nie *er*blüht oder irgendwann *ver*blüht? Um also entweder deine Punktzahl zu erhöhen oder dafür zu sorgen, dass sie für immer so hoch bleibt, wie sie ist, lohnt es sich, den einzelnen Gründen etwas Aufmerksamkeit zu schenken, um sie in deinem Leben vermeiden zu können.

1. Falsche Glaubenssätze

Der Glaube versetzt Berge und kann eine enorm wirkungsvolle Kraft sein, wenn man ihn richtig nutzt. Falscher Glaube kann jedoch dafür sorgen, dass sich in deinem Leben gar nichts bewegt und du ständig auf der Stelle trittst. Falsche Glaubenssätze können beispielsweise folgende sein: "Geld verdirbt den Charakter", "Ich kann so etwas nicht", "Ich bin halt so", "Die anderen sind intelligenter und besser als ich" oder "Mir passiert doch sowieso nie etwas Gutes".

Falsche Glaubenssätze sind Hemmnisse, die tief in dir verankert sind und deine Selbstliebe sowie deinen Erfolg bereits in den Anfängen unterdrücken. Sie sorgen dafür, dass du den Dingen in deinem Leben nicht neutral und unvoreingenommen begegnest, sondern bereits im Vorfeld eine *negative* Vorstellung aufbaust. Aus diesem negativen Grundgedanken heraus ist es dann sehr schwer, etwas *Positives* zu erschaffen, sodass die Wahrscheinlichkeit groß ist, dass sich dein Glaubenssatz bestätigt und du ihn hinterher als umso wahrer ansiehst. Wenn du also vor einer Aufgabe stehst, zu der dein Glaubenssatz lautet, dass du für ihre Erledigung nicht gut genug bist, so manifestiert sich der Gedanke der Schwäche so sehr in deinem Kopf, dass du letztlich tatsächlich versagst. Wärst du jedoch unvoreingenommen oder vielleicht sogar *positiv* an die Aufgabe herangegangen und hättest den Glaubenssatz "Ich kann das!" benutzt, wäre das Ergebnis höchstwahrscheinlich ein anderes gewesen.

2. Andere glücklich machen wollen

Als Kind waren wir gewohnt, es unseren Eltern, unseren Lehrern und generell den Erwachsenen recht zu machen und ihre Forderungen zu erfüllen. Im Regelfall erhielten wir dafür entsprechende Gegenleistungen: Lob von den Eltern, gute Noten von den Lehrern und liebe Worte oder Geschenke von den übrigen Erwachsenen. Im Zuge des Älterwerdens reift jedoch die eigene Person zu einem Individuum heran, das nicht mehr auf externe Belohnungen angewiesen ist, sondern den Wert einer Tätigkeit selbst erkennt. Zum Beispiel putzen wir als Erwachsene unsere Zähne nicht deshalb, weil sich unsere Eltern über gute Mundhygiene freuen und uns die leckeren Süßigkeiten weiter erlauben, wenn wir keine Löcher haben. Vielmehr putzen wir unsere Zähne, weil wir genau wissen, dass das gut für uns ist und ein Nicht-Putzen früher oder später Probleme mit sich bringt.

Manchen Menschen fällt es jedoch schwer, die alte Gewohnheit - immer den Forderungen anderer nachzukommen - wieder abzulegen und sie durch eine vernünftige Abwägung zu ersetzen. Wenn dir beispielsweise ein Kollege, ein Freund oder ein Bekannter eine Aufgabe überträgt, so ist es dein gutes Recht, sowohl ihren Sinn zu hinterfragen, als auch darüber nachzudenken, ob und warum gerade *du* diese Aufgabe erledigen sollst. Wir werden in einem späteren Kapitel noch genauer darauf eingehen, wie du dich von dem Zwang, es anderen immer recht zu machen, lösen kannst und trotzdem in Harmonie und Respekt mit deinen Mitmenschen lebst.

3. Erfahrungen in der Kindheit

Doch nicht nur die Tatsache, es anderen recht machen zu wollen, wird in der Kindheit verankert. Besonders frühkindliche Erfahrungen und sowohl die Art, wie man erzogen wird, als auch das Vorhandensein von Urvertrauen haben einen maßgeblichen Einfluss auf die eigene Selbstliebe. Fehlt beispielsweise elterliche oder generell familiäre Liebe, so kann dies den Gedanken zementieren, nicht liebenswert zu sein. Auch Glaubenssätze, die durch die Eltern auf das Kind übertragen werden, können zu Defiziten im Erwachsenenalter führen. "Schuster, bleib bei deinen Leisten", "Das ist nichts für dich", "Dafür bist du zu ungeschickt/hast du kein Talent" sind Sätze, die Eltern mit Sicherheit nicht böse meinen, die jedoch dafür sorgen können, dass das Kind neue Herausforderungen gar nicht erst sucht und das Fremde meidet.

Wenn du das Korsett der Kindheit ablegen möchtest, um dich selbst frei entwickeln zu können, ist es sinnvoll, wenn du dir die Situationen bewusst machst, in denen du dich selbst nicht geliebt oder dich gar von deiner Familie und deinen Freunden ungeliebt gefühlt hast. Vergegenwärtige dir die Umstände und versuche sie objektiv einzuordnen. Wurde dir zum Beispiel deshalb gesagt, dass du etwas nicht kannst, weil die Person, die das sagte, es selbst nicht konnte? Lag mangelnde Liebe vielleicht weniger daran, dass du nicht liebenswert warst, sondern dass die Person, die dir hätte Liebe geben sollen, selbst nicht in der Lage war, sich und andere zu lieben? Wenn du genau darüber nachdenkst und dabei ehrlich zu dir selbst bist, wirst du feststellen, dass dich deine Erfahrungen zwar geprägt haben, du sie aber mithilfe deines Verstandes nachträglich rationalisieren und einordnen kannst.

4. Sich mit Anderen vergleichen

Nicht falsch verstehen. Vergleiche sind an und für sich etwas Gutes, da sie dir zeigen, wo deine Leistungen im Verhältnis zu denen anderer stehen. Du solltest jedoch zwischen motivierenden und *de*motivierenden Vergleichen unterscheiden. Deren Unterschied besteht darin, dass die Beeinflussung der erstgenannten in deinen Händen liegt, während sich die letztgenannten außerhalb deiner Wirkmacht befinden. Lass es mich an einem bekannten Beispiel erläutern.

1976 wurde James Hunt Weltmeister der Formel 1. Sein stärkster Gegner war Niki Lauda, der im selben Jahr einen grässlichen Unfall hatte. Statt aufzugeben, stellte Lauda den motivierenden Vergleich mit Hunts fahrerischem Können auf. In der Folge gewann er die WM 1977 und verwies Hunt auf den fünften Platz. Im Nachhinein sagte Lauda, dass er niemals die Konsequenzen des schrecklichen Unfalls so gut überstanden hätte und auch nicht Weltmeister geworden wäre, wenn er sich nicht laufend mit James Hunter verglichen hätte. Allerdings hat er sich nur in den Punkten mit Hunt verglichen, die auch in seiner Macht lagen; nämlich im Bereich des fahrerischen Könnens. Hätte Lauda sich in Sachen Beliebtheit bei Frauen oder generell in den Punkten Schönheit und Sympathie verglichen, so hätte er sich demotiviert und auf Dinge konzentriert, auf die er keinen oder nur einen geringen Einfluss hatte. Hunt galt als Frauenschwarm, Schönling und Liebling des Rennstalls. Lauda als Eigenbrötler, mit dem man notgedrungen zusammenarbeiten musste. Doch der Umgang mit seinen Schwächen und die Konzentration auf seine Stärken in Verbindung mit motivierenden Vergleichen ließen Niki Lauda zu der im Nachhinein viel bedeutsameren und geschichtsträchtigeren Figur werden und sicherten ihm dauerhaften Erfolg.

5. Fehlendes Selbstvertrauen

Sich selbst nicht zu *ver*trauen, bedeutet, sich selbst auch nichts *zuzu*trauen. Menschen die nach der Devise leben "Es zu versuchen, ist der erste Schritt des Scheiterns", wissen eigentlich gar nicht, wozu sie in der Lage sind, da sie ihre Potentiale nicht nutzen und dadurch auch nicht ausschöpfen können. Selbstvertrauen ist nichts, mit dem man geboren wird und entweder hat man es oder man hat es nicht, sondern es ist im besten Fall die Konsequenz positiven und erfolgreichen Handelns.

Der optimale Weg, das eigene Selbstvertrauen zu kultivieren, besteht darin, möglichst viele Dinge auszuprobieren und herauszufinden, worin genau du besonders gut bist. Lass dich nicht davon demotivieren, dass du in manchen Disziplinen weniger kannst als andere. Wolfgang Amadeus Mozart gilt als größter Musiker aller Zeiten. Gleichzeitig war er aber ein Mensch, der nicht besonders gut mit Worten umgehen konnte. Seine private Korrespondenz ist heutzutage weitestgehend öffentlich einsehbar und wenn du sie liest, wirst du feststellen, dass Mozart überhaupt kein Verständnis für Sprache hatte und sich eher wie ein Ungelehrter ausdrückte.

Hätte Mozart nun ausschließlich versucht, Liedtexte zu schreiben, so wäre er definitiv gescheitert und Zeit seines Lebens mit einem minimalen Selbstvertrauen ausgestattet gewesen. Seine große Stärke lag eben woanders. Er war Komponist und konnte wie kein zweiter virtuos mit Noten umgehen. Die Buchstaben waren seine Schwäche und die Noten seine Stärke. Und genau wie er hat jeder Mensch seine eigenen Buchstaben (Schwächen), aber auch seine eigenen Noten (Stärken). Konzentrierst du dich auf das Falsche, wirst du nie vollständig glücklich und wirst immer unter einem mangelnden Selbstvertrauen leiden. Findest du aber deine Noten, so wirst du feststellen, dass dein Selbstvertrauen rasant zunimmt und du viel mehr Freude an deinem Leben empfindest.

6. Verwechslung von Glück und Erfolg

"Der war zum richtigen Zeitpunkt am richtigen Ort", "Der kann es halt", "Dazu muss man geboren sein". All diese Sätze verbannst du bitte ganz schnell aus deinen Gedanken. Es mag wie ein Klischee anmuten, aber: Erfolg ist kein Glück. In den meisten anderen Büchern würde an dieser Stelle die Erklärung folgen, dass jeder Mensch sein Schicksal selbst in der Hand hat und dass man nur fest genug an sich glauben muss, um Erfolg herbeizuführen. Im Kern stimmt das auch, ist aber als Erklärung ziemlich dürftig und sollte weder dir noch mir als Leithilfe genügen.

Die Wahrheit liegt darin, dass Erfolg die Beobachtung einer Amplitude ist, die wir aufgrund einer unvollständigen Betrachtung mit Glück verwechseln. Das klingt im ersten Moment vielleicht etwas kompliziert, heißt aber nichts anderes, als dass "das Glück mit dem Fleißigen ist". Wieder möchte ich ein bekanntes Beispiel nutzen, um es zu erklären: Walt Disney. Sein Disneyland ist unbestritten ein Erfolg und die abendfüllenden Spielfilme, an denen er beteiligt war, sind heutzutage zeitlose Klassiker. Man könnte nun annehmen, dass Walt mit der Disney-Idee einfach nur Glück hatte. Die Wahrheit ist aber, dass wir nur die Amplitude seiner Tätigkeiten wahrnehmen, sprich den größten Ausschlag in Richtung Erfolg. In den Jahren vor Disneyland war Walt nämlich unter anderem für Zeitungen und Zeitschriften tätig, wurde von seinen Chefs als kreativ- und ideenlos bezeichnet und ging mit seinen Unternehmungen mehrmals bankrott. Nur die Tatsache, dass er immer wieder aufgestanden ist und weitergemacht hat, führte ihn zum Erfolg. Mit anderen Worten hat er aufgrund seines Fleißes dem "Glück" auf die Sprünge geholfen. Da wir als Außenstehende von den Misserfolgen aber nichts mitbekommen und nur den Erfolg sehen, glauben wir, dass alles, was Walt Disney angefasst hat, zu Gold wurde. Dass er hart und lange dafür arbeiten musste und ihm das Glück keineswegs zugeflogen ist, erfährt man nur, wenn man hinter die Kulissen schaut.

7. Fehlende Investitionen in sich selbst

Die 7. Ursache ist mein Lieblingspunkt, läuft sie doch darauf hinaus, dass mangelnde Selbstliebe entsteht, wenn man (unter anderem) dieses Buch hier nicht gelesen hat. Um wieder ein bekanntes Klischee zu bedienen: "Es ist noch kein Meister vom Himmel gefallen." Wenn du wirklich wachsen, dich verbessern, deinen Alltag optimieren und mit dir selbst zufriedener sein möchtest, dann musst du bereit sein, dafür zu arbeiten und Zeit zu investieren. Das kann in Form von Seminaren sein, Schulungen und Weiterbildungen, aber auch in Form von Büchern, Zeitschriften, Blogs und vielem mehr, was dich mit den nötigen Informationen versorgt, um deine Ziele zu erreichen.

Die beste Investition, die du tätigen kannst, ist die in dich selbst. Jeder Euro und jede Minute, die du in deine Weiterentwicklung steckst, werden sich später um ein Vielfaches auszahlen. Vermeide also Gedanken und Glaubenssätze wie: "Ich bin mir das nicht wert" oder "Das ist zu teuer, um es nur für mich zu nutzen". In den späteren Kapiteln wirst du lernen, dass du die wichtigste Person bist, die du hast und dir deswegen nichts zu teuer sein sollte, wenn es dich nach vorn und damit deinen Zielen näherbringt.

Nun, da du die wichtigsten Ursachen für mangelnde Selbstliebe kennst, möchte ich, dass du die nächsten fünf Tage intensiv nutzt, um entweder das Vorhandensein oder die Abwesenheit dieser Gründe in deinem Alltag festzustellen. Immer dann, wenn du bemerkst, dass du nicht in der Selbstliebe bist, dass du gegen deine eigene Überzeugung handelst, falsche Entscheidungen triffst oder schlicht erfolglos bist, schreibst du genau auf, wie du dich in dem Moment fühlst und welche Ursache du dahinter vermutest.

Umgekehrt schreibst du aber auch auf, wenn du besonders stolz auf dich bist, weil du etwas gut gemacht hast, mit dir im Reinen warst, Erfolg hattest oder gute Entscheidungen getroffen hast. Du wirst überrascht sein, was du alles herausfindest, wenn du die kommenden Tage nicht einfach nur durchlebst, sondern ihre wichtigsten Punkte zu Papier bringst und dich und deine Lebenswirklichkeit damit besser kennenlernst. Ich wünsche dir viel Spaß in deiner ersten Selbstreflektionswoche.

Kapitel 4: Tag 11 - 15

9 praktische Hilfen und Methoden für mehr Selbstliebe

In den letzten Kapiteln hast du sehr viel über dich selbst gelernt. Wir haben uns zusammen deine Glaubenssätze und deine Ansichten angesehen und den Status deiner Selbstliebe auf einer Wertungsskala verortet. Du kennst die Ursachen, die zu einer mangelhaften Eigenliebe führen und hast sie in der letzten Woche in deinem Alltag beobachtet und identifiziert. Damit bist du nun bereit, Methoden und Lösungen kennenzulernen, die dir dabei helfen, deine Selbstliebe aufzubauen, negative Ursachen zu vermeiden, falsche Glaubenssätze zu überwinden und vor allem mehr Zufriedenheit, Glück und Erfolg in dein Leben zu tragen.

Ich möchte, dass du die folgenden 9 Methoden nicht nur liest, sondern in den kommenden fünf Tagen auch für dich umsetzt. Unter jeder Methode findest du ein paar freie Zeilen, damit du dir Notizen machen und dir das Wichtigste der jeweiligen Methode aufschreiben kannst. Einiges von dem, was du kennenlernen wirst, wird für dich eine enorme Umstellung sein und deine alten Gewohnheiten einreißen. Ich kann dir nur empfehlen, es zuzulassen und einfach zu tun, was ich dir anbiete. Du wirst vielleicht in manchen Momenten den Sinn nicht vollständig verstehen und dich wundern, warum ich dich um bestimmte Dinge bitte. Doch glaub mir, das Ergebnis wird dich positiv überraschen und bereits nach den kommenden fünf Tagen wirst du eine merkliche Veränderung spüren. Eine Veränderung zum Guten, zu mehr Selbstliebe, mehr Selbstvertrauen, mehr Erfolg und vor allem mehr Qualität und Freude in deinem Leben. Doch genug der Vorrede. Krempeln wir unsere Ärmel hoch und beginnen mit der Arbeit.

1. Nimm dir Zeit für dich und belohne dich selbst

Gehörst du zu den Menschen, die Tages- und Wochenpläne erstellen? Falls nein, so empfehle ich dir, ab heute damit anzufangen. Entweder führst du einen aktiven Kalender auf deinem Smartphone, deinem PC oder Laptop, oder du nutzt eine klassische Printversion. Die meisten Menschen tragen in ihre Kalender jedoch nur ihre festen Termine wie Geschäftliches, Geburtstagsfeiern oder sonstige Verabredungen ein. Der Kalender, den ich dich nun bitte, fortan zu führen, wird jedoch etwas umfänglicher sein.

Es hat sich bewährt, zwischen vier Kategorien zu unterscheiden: *Geschäftliches, Geld, Liebe* und *Gesundheit*. Wenn du möchtest, kannst du dir für jede der Kategorien eine Farbe aussuchen, mit der du dann die jeweiligen Termine und Zeiten markierst. So könnte Rot zum Beispiel für die *Liebe* und Blau für *Geschäftliches* oder *Geld* stehen. Je nachdem, wie es für dich am besten passt.

Unter der Kategorie *Geschäftliches* trägst du dann deine Arbeitszeiten bzw. deine beruflichen Verpflichtungen ein. Die Kategorie Geld beinhaltet die Zeiten, in denen du finanzielle Dinge erledigst, wie deine Steuererklärung, das Bezahlen deiner Rechnungen, die Führung deines

Haushaltsbuches (sofern du eines besitzt), deine Banktermine und alles weitere, was sich unter monetären Aspekten betrachten lässt. Mach es dir zur Gewohnheit, deinen Kontostand zu bestimmten Zeiten zu prüfen und die Buchungen turnusmäßig zu kontrollieren.

Unter dem Gesichtspunkt *Gesundheit* trägst du bitte ein, wann du sportlichen Aktivitäten nachgehst, wann du beim Arzt bist, dich pflegst, meditierst, deine Hobbys ausübst, dich um deine Ernährung kümmerst usw. Auf keinen Fall solltest du diesen Punkt unterschätzen und wir werden auch nochmal separat auf dieses Thema eingehen. Schließlich ist deine Gesundheit das Fundament deines Lebens.

Die vierte Kategorie ist im Rahmen dieses Buches die wichtigste und vermutlich auch die, bei der du nicht genau weißt, was du eintragen sollst. Lass es mich dir erklären: Zur *Liebe* gehört nicht nur deine Selbstliebe, sondern alles, was mit den dir nahestehenden Mitmenschen zu tun hat. Du vermerkst dir in deinem Kalender, wann du dir explizit Zeit nimmst, um sowohl an deiner Beziehung zu deinem Mann, deiner Frau, deinem Freund oder deiner Freundin als auch zu deiner Familie wie Eltern, Großeltern, aber auch deinen besten Freunden und guten Kumpels zu arbeiten. Der wichtigste dieser Freunde bist natürlich du. Blocke dir deshalb auch Zeiten, in denen du dich nur um dich selbst kümmerst. Zeiten, in denen du einfach mal die Seele baumeln lässt, in denen du dich mit Tätigkeiten wie einem guten Essen, mit Medien oder anderem beschäftigst, was dir Freude bereitet und dich glücklich macht.

Und zu guter Letzt suchst du dir jeden Tag 10 freie Minuten aus, die du ausschließlich dafür verwendest, den

Tag Revue passieren zu lassen, über das Gute, für das du dankbar bist, nachzudenken und das Schlechte zu sondieren und zu analysieren, damit du es künftig vermeiden kannst. Zusätzlich blockst du dir einmal in der Woche (vorzugsweise an einem Samstag oder Sonntag) eine ganze Stunde, in der du dasselbe für die gesamte Woche tust. Durch die Terminierung dieser - nennen wir sie - "stillen Stunde" schaffst du eine innere Verbindlichkeit, die es braucht, um eine Regelmäßigkeit zu erschaffen, die letztlich in eine positive Gewohnheit übergeht.

Ich weiß, all dies klingt zunächst nach viel Arbeit und einer Menge Planungszeit. Doch du wirst feststellen, dass das Führen eines derartig aufgeteilten Kalenders keine Zeit bindet, sondern dir sogar mehr Zeit bzw. ein besseres Zeitmanagement verschafft und du dadurch nicht nur produktiver, sondern auch glücklicher wirst.

2. Nutze positives Denken, um dich selbst zu programmieren

Vielleicht hast du schon einmal von dem Begriff des Neuro-Linguistischen Programmierens (NLP) gehört. Der Hintergrund ist der, dass ausgewählte Begriffe bestimmte Emotionen und Konsequenzen in uns triggern. Es heißt nicht umsonst, dass Worte Projektile sein können. Du kannst diese Geschosse entweder verwenden, um Schaden anzurichten oder um dir deine Selbstliebe zu erkämpfen. Wie genau das geht, erkläre ich dir jetzt.

Wir betrachten vier Situationen, in denen du die Macht der Worte positiv für dich nutzen kannst. Beginnen wir chronologisch: Wenn du früh morgens aufwachst, wirst du künftig nicht einfach aufstehen, Zähne putzen, dich anziehen, frühstücken und das Haus verlassen. Wir werden einen Zwischenschritt einbauen. Bevor du überhaupt aufstehst, wirst du dir folgende Sätze sagen:
"Guten Morgen, [hier deinen Namen einfügen]. Ich freue mich auf den heutigen Tag und bin gespannt, was er für mich bereithält. Ich werde das Beste aus ihm machen und bin mir darüber im Klaren, was für ein Geschenk es ist, ihn erleben zu dürfen. Ich bin voller Energie, Tatendrang und sagenhaft gut drauf. Ich werde jede Minute nutzen und genießen. Heute ist *mein* Tag."

Und das sagst du dir jeden Morgen aufs Neue. Versuche dabei, so aufrichtig und redlich wie nur möglich zu dir selbst zu sein. Sag die Worte ruhig laut und mit Inbrunst, so als ob du sie der ganzen Welt mitteilen möchtest. Es ist übrigens völlig verständlich und auch absolut normal, dass du dir am Anfang komisch vorkommen wirst und ich könnte mir vorstellen, dass du gerade mit dir haderst, ob du diesen Tipp überhaupt umsetzen möchtest. Aber ich kann dir nur empfehlen, es ein paar Tage lang zu versuchen. Vertrau mir einfach und lass dich von der Wirkung, die diese wenigen Worte auf dich haben werden, überzeugen. Aber machen wir weiter. Drei Situationen warten noch auf dich.

Während eines normalen Tages können dir folgende Extreme passieren: Du ärgerst dich über etwas oder jemanden oder du freust dich über etwas oder jemanden. Beginnen wir mit dem ersten. Unabhängig davon, ob der Ärger von dir selbst verursacht wurde oder ob du dich über eine andere Person ärgerst, weil sie dir Unrecht getan hat, ist die Wortwahl immer gleich: "Ich verstehe dich. Ich danke dir. Ich vergebe dir. Ich liebe dich."

Lass mich raten: Du ziehst gerade die Augenbrauen nach oben, weil du nicht weißt, was du von diesen vier kurzen Sätzen halten sollst, stimmt's? Ich möchte dir das Geständnis machen, dass ich beim allerersten Mal auch skeptisch war, als mir diese Vorgehensweise beigebracht wurde. Gerade den letzten Satz habe ich im Zusammenhang mit Ärger nicht verstanden. Doch entscheidend für meine Selbstliebe war nicht der Umstand, dass ich verstehe, *wie* diese Worte wirken, sondern nur, *dass* sie wirken. Deshalb lautet meine Empfehlung: Probiere es einfach aus. Nutze die vier Sätze in Situationen der Aufgebrachtheit und du wirst bemerken, dass du danach viel objektiver und lösungsorientierter sowie weniger emotional an das Problem (welches auch immer es gerade ist) herangehst und es deshalb auch leichter lösen kannst.

Die dritte Situation ist die Freude. Entweder darüber, dass dir etwas besonders gut gelungen ist oder dass dir etwas Schönes widerfahren ist. Egal was von beidem zutrifft, deine Worte, die du dir gedanklich sagen wirst, lauten: "Ich freue mich, dass das passiert ist. Ich habe es mir verdient und ich bin es wert, dass es mir widerfährt. Ich bewahre das positive Gefühl in mir und nehme es zum Anlass, noch mehr positive Gefühle zu erleben. Ich bin reich an Glück und führe ein wunderschönes Leben. Genau das Leben, das mir entspricht."

Zum Abschluss nun die vierte Situation. Du hast es bestimmt schon erraten: Es geht um den Moment, in dem du schon im Bett liegst und kurz davor bist, einzuschlafen. Folgendes wirst du zu dir sagen: "Ich freue mich, den Tag erlebt zu haben und bin schon gespannt auf den nächsten. Ich habe heute vieles kennengelernt, was mich weitergebracht hat und wofür ich dankbar bin. Mein Leben ist erfüllt von Glück und der erholsame Schlaf, der mich gleich erwartet, ist der krönende Abschluss, den ich mir redlich verdient habe."

Wie gesagt, ich habe größtes Verständnis dafür, wenn dir die vier Satzreihen zunächst befremdlich erscheinen und du nicht weißt, ob du sie umsetzen möchtest. Doch meine Frage lautet: Was hast du zu verlieren? Wenn es nicht funktioniert, dann hast du halt ein paar Worte umsonst ausgesprochen bzw. gedacht. Kein großer Verlust. Aber wenn es funktioniert, dann bereicherst du dein Leben auf eine Weise, die dir Glück und Zufriedenheit bringen wird. Deshalb probiere es einfach die nächsten fünf Tage aus und schaue, was passiert und wie es für dich wirkt.

3. Nutze Achtsamkeitsmeditationen für mehr Energie und Zufriedenheit

Wir leben in einer Welt der Reizüberflutung und der Stimuli-Übersättigung. Ständig sind wir umgeben von Geräuschen und Stimmen, haben dauerhaft visuelle Inputs und sind es eigentlich gar nicht mehr gewöhnt, so etwas wie Langeweile zu empfinden. Im ersten Moment kann man diesen Umstand als Höchstmaß der Selbstoptimierung auffassen. Schließlich verschwendet man keinen Moment mehr ungenutzt. Doch leider funktioniert unser Gehirn so nicht und wenn wir es in jeder wachen Minute einer Vielzahl von Reizen aussetzen, verringern wir unsere mentale Kraft, unser Konzentrationsvermögen und letztlich auch unsere Zufriedenheit.

Es ist völlig normal, in der Freizeit auch mal fernzusehen, YouTube zu nutzen, auf Netflix zu streamen, Podcasts zu hören, Bücher zu lesen und vielleicht auch mal auf Tik Tok, Facebook oder Instagram vorbeizuschauen. Damit du dennoch deine Energie wieder aufladst und deinem Gehirn etwas Gutes tust, empfehle ich dir, einmal am Tag eine 10-minütige Achtsamkeitsmeditation durchzuführen.

In diesen 10 Minuten konzentrierst du dich mal ausschließlich nur auf deine Atmung. Schließe deine Augen, bring dich in eine angenehme (nicht einschläfernde) Position und verbanne alle Gedanken, die nichts mit deiner Atmung zu tun haben, aus deinem Kopf. Am Anfang wird dir das noch sehr schwerfallen und es wird immer wieder vorkommen, dass sich Gedanken oder innere Monologe in dein Bewusstsein drängen. Wenn das passiert, lässt du sie einfach weiterziehen und konzentrierst dich wieder aufs Atmen. Die vollen 10 Minuten lang. Du wirst feststellen, dass dein Denken danach viel klarer ist, du dich ausgeruht und wacher fühlst und mit der Reizüberflutung des normalen Tages viel besser umgehen kannst.

Es ist eine Tatsache, dass regelmäßige Meditation dein geistiges Leistungsvermögen steigert, indem bestimmte Gehirnregionen wachsen und sich besser vernetzen. Darüber hinaus schützt du dich vor einem Burnout und generell gegen psychische Erkrankungen. 10 Minuten sind kein großer Teil eines Tages, aber sie können eine enorm große Wirkung haben, wenn du sie zur Meditation nutzt.

4. Lebe im Einklang mit deinem Körper und akzeptiere ihn

Dein Körper ist der einzige, den du bekommst und wenn du ihn nicht hättest, gäbe es dich nicht. Deine Aufgabe sollte es deshalb sein, zu deinem eigenen besten Freund zu werden und mit dir selbst in Harmonie zu leben. Um das zu schaffen, gibt es ein paar Methoden, die du unbedingt ausprobieren solltest.

Mach dir bewusst, was dir an deinem Körper gefällt. Nimm dir Zettel und Stift oder öffne eine neue Notiz auf deinem Smartphone, PC oder Laptop und schreibe dir alles auf, was du an dir gut findest. Egal wie unbedeutend es erscheinen mag, aber hier ist Masse gleich Klasse. Hast du schöne Augen, Fingernägel, eine gute Haut, volles Haar, saubere Zähne, rote Lippen, eine interessante Nase, einen guten Teint oder eine symmetrische Statur? Schreib es auf!

Ebenso kannst du dir Aspekte deines Körpers notieren, die weniger das Aussehen betreffen, aber trotzdem positiv hervorstechen. Bist du zum Beispiel stolz auf dein Immunsystem, weil du selten krank wirst, freust du dich über deine Ausdauer, deine Kraft, über deine Träume, deinen gesunden Schlaf oder wie gut du riechen oder schmecken kannst? Das gehört alles in die Notiz.

Es gibt keine Belanglosigkeiten, wenn es um dich geht. Auch scheinbare Selbstverständlichkeiten solltest du dir aufschreiben. Denn was für dich normal ist, ist für viele Menschen sicherlich sehr wünschenswert. Nachts durch die Nase statt durch den Mund zu atmen, ohne zu stottern sprechen zu können, gut hören oder gut sehen zu können und nicht in Schmerzen zu leben. Klingt banal. Aber für einen Blinden oder einen Schmerzpatienten können diese Eigenschaften die Welt bedeuten. Mach dir alles Positive bewusst und lies es dir immer wieder durch. Du wirst feststellen, dass du stolz auf dich und deinen Körper sein kannst und er viel mehr schöne Eigenschaften aufweist, als du vorab aus dem Bauch heraus vermutet hättest.

5. Das Lola-Prinzip und die Unterscheidung zwischen beeinflussbaren und nicht beeinflussbaren Dingen

Womöglich kennst du das Gelassenheitsgebet von Reinhold Niebuhr. Unabhängig von deiner Konfession ist der Inhalt dieses Gebets sehr wertvoll: Habe die Gelassenheit, die Dinge zu akzeptieren, die du nicht ändern kannst. Habe aber im Gegenzug die Kraft, diejenigen Dinge zu ändern, die in deiner Macht liegen. Und vor allem: Habe die Weisheit, zwischen beidem zu unterscheiden.

Wenn du dich an Problemen aufhältst, die außerhalb deiner Wirkmacht liegen, so führt dies nur zu einem Gefühl der Machtlosigkeit und letztlich zu Unzufriedenheit. Versuche, diese Probleme loszulassen und sie als gegeben zu akzeptieren. Erstelle vielmehr Lösungsmöglichkeiten, die das Gegebene voraussetzen und im Zusammenspiel mit dem Möglichen zu einem befriedigenden Ergebnis führen.

Sollte es dir schwerfallen, Unabänderliches hinzunehmen und aus deinen aktiven Gedanken zu verbannen, so empfehle ich dir eine einfache Herangehensweise: Nimm dir einen Zettel und einen Stift zur Hand und schreibe dir dein Problem so genau und detailliert wie möglich auf. Überlege dir noch einmal, welche Aspekte du vielleicht verändern kannst und sollte es tatsächlich welche geben, vermerkst du sie dir, inklusive einer klaren Handlungsanweisung, auf einem extra Zettel.

Diesen Extra-Zettel arbeitest du zuerst ab und erledigst all das, was dir zur Lösung des Problems eingefallen ist. Anschließend bleiben auf dem ersten Zettel nur noch die

Dinge übrig, auf die du keinen Einfluss hast. Diesen Umstand machst du dir so klar wie möglich und setzt den Zettel für dich auf Wiedervorlage. Vermerke in deinem Kalender, dass du ihn heute in einer Woche wieder zur Hand nehmen und neu bewerten wirst. Damit ist das Problem nicht vergessen, braucht dich aber auch nicht länger zu belasten. Mit der Verschiebung auf deine Wiedervorlageliste entfernst du es aus deinem Bewusstsein und holst es erst wieder hervor, wenn du deinen Zettel für eine Neubewertung wieder in die Hand nimmst. Bei dieser Neubewertung überlegst du dir dann abermals, was genau du an deinem Problem ändern kannst und lässt die Dinge auf dem Zettel stehen, die immer noch außerhalb deiner Wirkmacht liegen. Anschließend wiederholst du den Vorgang. Und zwar so lange, bis dein Problem irgendwann vollständig gelöst ist.

6. Setze dir motivierende Ziele und unterteile sie sinnvoll

Jeder Mensch hat Träume und Wünsche, doch du darfst nicht den Fehler machen, diese mit konkreten Zielen zu verwechseln. Einer der Hauptgründe für fehlende Selbstliebe besteht in der Kombination aus nicht in Erfüllung gehenden Träumen und einem Fehlen von klaren Plänen, wie man das Gegenteil erreichen könnte. Ich möchte deshalb, dass du dir schriftlich Gedanken darüber machst, was du in deinem Leben erreichen möchtest. Schreibe dir - wie schon beim Selbstliebetest - kurzfristige, mittelfristige und langfristige Ziele auf.

Nun gehen wir aber noch einen wichtigen Schritt weiter als beim Test. Und zwar überprüfen wir deine Ziele darauf, ob sie sich auch von vagen Träumen und Wünschen unterscheiden. Es gibt viele Definitionen für konkrete Ziele, von denen ich die SMART-Methode für die klügste halte. Vielleicht hast du schon einmal von ihr gehört. Bei ihr stehen die Anfangsbuchstaben jeweils für eine Eigenschaft, die das Ziel haben muss, um auch wirklich ein Ziel zu sein.

S=spezifisch. Formuliere dein Ziel so genau wie möglich, mach es einzigartig und wiedererkennbar. Wenn du dir als Ziel zum Beispiel "mehr Geld" setzt, so ist dies wenig spezifisch, sondern sehr allgemein. Besser wäre es, wenn du dir eine bestimmte Geldmenge als Ziel setzt, damit du es dir später in Zwischenziele unterteilen kannst und vor allem auch genau weißt, wann du es erreicht hast.

M=messbar. Es muss natürlich Möglichkeiten geben, deine Zielerreichung zu überprüfen. Wenn dein Ziel darin besteht, besser mit anderen Menschen umgehen zu können, so ist es nicht besonders gut messbar. Wenn du es allerdings mit belastbaren Kennzahlen verknüpfst wie etwa der Häufigkeit deiner sozialen Kontakte, der Anzahl guter Freunde oder anderen Kriterien, so kannst du dein Ziel quantifizieren und messbar formulieren.

A=attraktiv. Dein Ziel sollte natürlich für dich motivierend sein. Viele Menschen mit schwacher Selbstliebe begehen den Fehler, nicht ihre eigenen Ziele aufzuschreiben, sondern das, was andere für erstrebenswert halten. Wenn ein Ziel jedoch in dir kein Verlangen auslöst, wird es dich nie richtig motivieren und du wirst in dir immer Hemmnisse vorfinden, die einer Erreichung im Wege stehen. Darüber hinaus machen falsche Ziele dich auf Dauer nicht glücklich. Finde für dich selbst heraus, was dir im Leben wichtig ist und achte dabei nicht auf Konventionen. Höre tief in dich hinein und formuliere dann deine ganz persönlichen und individuellen Ziele.

R=realistisch. Wenn du dir 30 cm mehr Körpergröße in einer Woche als Ziel setzt, so wäre das eher wenig realistisch. Wenn du dir jedoch sagst, dass du im nächsten Jahr einen Euro mehr verdienen möchtest als bisher, dann hast du den Punkt Realismus zu genau befolgt. Es ist eine manchmal schwierige Abwägungsentscheidung, wie hoch wir unsere Ziele stecken, um sie sowohl motivierend als auch realistisch zu halten. Als kleine Faustregel, wenn du dir unsicher bist, möchte ich dir einen Merksatz mit auf den Weg geben: Du musst nach den Sternen greifen, um die Baumkronen zu erreichen. Setze dir also lieber höhere Ziele als zu kleine.

T=terminiert. Den Punkt Terminierung verknüpfen wir mit der Unterteilung in Zwischenziele. Nehmen wir zur Veranschaulichung nochmal das Beispiel Geld. Sagen wir, du möchtest eine Summe X als Gesamtkapital besitzen. Zunächst machst du dir Gedanken, wann genau du diese Summe besitzen möchtest und markierst dir dieses Datum als Deadline in deinem Kalender. Im Anschluss daran rechnest du runter, welche Summe du nach der Hälfte der Zeit erwirtschaftet haben solltest, welche nach einem Viertel der Zeit, nach einem Achtel usw. Du brichst dein Ziel soweit runter, bis du in jeder Woche, am besten an jedem Tag, genau weißt, welche Teile deines Ziels du erreichen musst.

Natürlich lässt sich die SMART-Methode nicht nur auf Geld anwenden. Mit ihr kannst du jede mögliche Art eines Ziels definieren und für dich greifbar und erreichbar machen. Je intensiver du dich mit einem Ziel auseinandersetzt und je kleinteiliger und detaillierter du es zu Papier bringst, desto größer wird übrigens die Wahrscheinlichkeit, dass du es auch erreichst.

7. Arbeite jeden Tag an deinem persönlichen Fortschritt

Dieser Punkt ergibt am meisten Sinn, wenn du deine motivierenden Ziele so genau wie möglich aufgeschrieben hast. Dann kannst du dir nämlich vor jeder deiner Entscheidungen und vor jeder deiner Tätigkeiten folgende Frage stellen: "Bringt mich das, was ich gerade im Begriff zu tun bin, meinen Zielen näher?" Und wenn du diese Frage mit "Ja" beantworten kannst, so ist die Entscheidung klar: Tu es! Wenn du die Frage jedoch mit "Nein" beantworten musst, so stellst du dir eine weitere Frage: "Wird das, was ich gerade im Begriff zu tun bin, meine Zielerreichung stören?". Sollte der Frage ein "Ja" als Antwort folgen, so weißt du, dass du die Tätigkeit, die du gerade tun wolltest, lieber nicht ausführen solltest. Bei einem "Nein" als Antwort gilt es abzuwägen und du kannst dich mit gutem Gewissen sowohl dafür als auch dagegen entscheiden. Es mag dir vielleicht trivial vorkommen. Doch wenn du deine Tätigkeiten danach beurteilst, ob sie dich weiterbringen oder ob sie dich behindern, gehst du Probleme und Herausforderungen mit einem viel klareren Blick an und bist generell viel besser in der Lage, sinnvolle Entscheidungen zu treffen.

8. Liebe geht durch den Magen; du bist, was du isst

Du kannst dich natürlich nur dann richtig lieben, wenn du dich selbst auch liebevoll behandelst. Deine Ernährung hat maßgeblichen Einfluss sowohl auf deine Gesundheit als auch auf deine Stimmungslage und deine Fähigkeiten. Wenn du dauerhaft ungesunde Dinge oder zu viel bzw. zu wenig isst, kann sich das in Abgeschlagenheit, Energielosigkeit und depressiven Verstimmungen niederschlagen. Ganz zu schweigen davon, dass ein schlecht ernährter Körper weniger attraktiv ist als einer, den du mit gesundem Essen versorgst.

Da man ganze Bücher über das Thema Ernährung füllen kann und du sicherlich auch schon viel darüber weißt, fasse ich mich kurz: Eine sinnvolle Nahrungsaufnahme heißt nicht, auf alles, was dir gut schmeckt, zu verzichten. Vielmehr bedeutet es, dass du herausfindest, was dir überhaupt schmeckt. Aufgrund von Geschmacksverstärkern, Konservierungsmitteln und künstlichen Aromen ist der Geschmackssinn vieler Menschen übersättigt, überreizt und verzerrt. Wenn du wissen willst, was dir an natürlichem Essen wirklich bekommt, solltest du auf die drei genannten Dinge weitestgehend verzichten.

Grundsätzlich kannst du dir merken, dass bestimmte Nahrungsmittel deine körperliche und geistige Gesundheit schwächen und andere sie wiederum stärken können. Wichtig ist, dass du deine persönliche Balance findest, mit der du dich sowohl mental als auch physisch wohl fühlst. Nahrungsmittel, die negativ auf dich wirken sind etwa Zucker, Fleisch, Milchprodukte, stark verarbeitete Lebensmittel wie Fertiggerichte, Transfette und Lebensmittel, deren PH-Wert bei unter 7 liegt. Natürlich ist es nicht schlimm, wenn du hin und wieder mal eine

Süßigkeit zu dir nimmst oder eine Cola trinkst. Eine kulinarische Belohnung kann schließlich auch etwas sehr Motivierendes und Stimmungsaufhellendes sein.

Du solltest allerdings ungesunde Lebensmittel als Ausnahme von der Regel betrachten. Und die Regel sollte sein: Hauptsächlich Gemüse zu essen, täglich eine Hand voll frisches Obst zu sich zu nehmen und Vollkornprodukte statt Weizen zu konsumieren. Was Getränke angeht, so fährst du am besten, wenn du hauptsächlich Wasser trinkst. Zwar sind Säfte an und für sich auch ein schmackhaftes und gesundes Getränk. Jedoch solltest du durch den vielen Fruchtzucker, der in ihnen enthalten ist, nicht mehr als ein paar Hundert Milliliter pro Tag davon zu dir nehmen.

9. Setze dich nicht unter Druck, bestimme dein eigenes Tempo

Jeder Mensch hat und braucht sein eigenes Tempo. Und das betrifft nahezu alle Lebensbereiche; auch dieses Buch. Wenn du für deine Transformation länger als die versprochenen 30 Tage brauchst, so ist das überhaupt nicht schlimm. Kein Mensch ist wie der andere und das ist auch gut so. Die Entwicklung der eigenen Selbstliebe ist kein Sprint, sondern ein Marathon. Und bei einem erfolgreichen Marathon gilt es, das eigene Tempo gut auszutarieren, damit man das Ziel auch überhaupt erreicht.

Es bringt dir nichts, ein paar Tage lang mit Vollgas durchzuziehen, nur um danach wieder in alte Muster zurückzufallen. Sich neue Gewohnheiten aufzubauen, ist ein langwieriger Prozess und tatsächlich brauchen neue Handlungen ungefähr einen Monat, um zu einem Ritus zu werden. Nehmen wir das Beispiel der Achtsamkeitsmeditation. Wenn du so etwas noch nie gemacht hast, wirst du dich die ersten Male dazu überwinden müssen, damit anzufangen. Du wirst dir aktiv Zeiten setzen müssen, an denen du meditierst. Je öfter du es aber tust, desto mehr geht dir das Meditieren in Fleisch und Blut über und nach ein paar Wochen wirst du feststellen, dass du dich selbst nicht mehr ans Meditieren erinnern oder dich dazu überwinden musst. Sobald der Sprung von der Neuheit zur Gewohnheit vollzogen ist, kannst du dir dein Leben ohne zu meditieren gar nicht mehr vorstellen.

____

____

Für den Moment bitte ich dich, die soeben kennengelernten 9 Methoden mindestens fünf Tage lang auszuprobieren. Ein paar werden dir leichter fallen als andere und bei einigen wirst du vielleicht sogar überhaupt keine Probleme haben, sie zu einer Gewohnheit zu machen. Setze dich umgekehrt aber auch nicht unter Druck, wenn dir eine Methode nicht gelingt oder du dich unwohl mit ihr fühlst. Alles, was ich dir biete, sind Hilfestellungen und Angebote. Welche du davon annimmst, musst du für dich selbst entscheiden und ihre dauerhafte Anwendung musst du auf deine persönlichen Befindlichkeiten abstimmen.

Damit du aber weißt, *was* für dich funktioniert und was nicht, bitte ich dich, *jeder Methode* eine Chance zu geben. Ich bin sehr gespannt, wie du dich entwickeln wirst und welche Effekte die 9 Punkte auf dich haben werden. Wir beide sehen uns dann im nächsten Kapitel wieder. Deine

Reise zu mehr Selbstliebe und -zufriedenheit ist noch nicht abgeschlossen und wird noch einige interessante Erkenntnisse für dich bereithalten.

Stay Positive

KAPITEL 5 : TAG 16-20

10 UNGLAUBLICHE VORTEILE DURCH EINE GRÖßERE SELBSTLIEBE

Im letzten Kapitel hast du wirkungsvolle Methoden kennengelernt, um deine Selbstliebe zu kultivieren und weiterzuentwickeln. Außerdem habe ich dich darum gebeten, diese Methoden in den vergangenen fünf Tagen anzuwenden. Die kommenden fünf Tage nutzen wir nun, um festzustellen, wie die Methoden bei dir wirken und welchen Einfluss sie auf dein Leben haben. Ich bitte dich deshalb, deine Lebenswirklichkeit in den nächsten Tagen zu beobachten und jede Veränderung, die dir auffällt, aufzuschreiben. Freie Zeilen dafür findest du nach der Hälfte dieses Kapitels.

Ich werde dir nun 10 geniale Vorteile aufzeigen, die sich bei Menschen mit einer starken Selbstliebe nachweisen lassen. Am besten vergleichst du sie mit der Zeit, als du dieses Buch noch nicht angefangen und die Methoden des letzten Kapitels noch nicht ausprobiert hast und setzt den Vergleich ins Verhältnis zu dem, was du in den kommenden fünf Tagen bei dir beobachten wirst.

1 *Menschen, die sich selbst lieben,* sind in jedem ihrer Lebensbereiche erfolgreicher. Das betrifft sowohl berufliche Aspekte als auch die Beziehung zu anderen Menschen, die eigene

Selbstverwirklichung, das private Glück und vieles mehr. Sie erschaffen eine Art Gravitation, die weiteren Erfolg anzieht und dafür sorgt, dass Aktivitäten viel häufiger gelingen bzw. einen guten Ausgang haben, als wenn sie sich nicht selbst lieben würden.

2 *Menschen, die sich selbst lieben,* sind toleranter, sowohl gegenüber anderen als auch sich selbst gegenüber. Sie zeigen mehr Verständnis für persönliche Situationen und Befindlichkeiten, ohne sich durch faule Ausreden abspeisen zu lassen. Durch ihre Vorurteilslosigkeit sind sie in der Lage, Situationen und Menschen objektiv und mit Vernunft einzuschätzen und deshalb auch optimal auf sie zu reagieren. Die Entscheidungen, die sie treffen, fußen auf einer Mischung aus Beobachtung, inneren Werten und Rationalität. Das sorgt dann automatisch dafür, dass die Meinung eines sich selbst liebenden Menschen in dessen Umfeld als erheblich wertvoller und nützlicher eingeschätzt wird, als die eines Menschen, der mit sich nicht im Reinen ist. Deshalb werden Menschen mit ausgeprägter Selbstliebe auch viel häufiger aufrichtig nach Ihrer Einschätzung gefragt und haben generell einen größeren Einfluss auf ihre Mitmenschen.

3 *Menschen, die sich selbst lieben,* reißen ihre inneren Grenzen und Hemmnisse ein und sind in der Lage, über sich selbst hinauszuwachsen. Sie treffen Entscheidungen weniger nach äußeren Zwängen als vielmehr nach inneren Überzeugungen. Das führt wiederum zu einem Gefühl von Erfüllung und Zufriedenheit. In ihren Köpfen gibt es keine imaginären Blockaden, die bestimmte Gedanken verhindern. Ein Mensch mit Eigenliebe kann sämtliche Optionen abwägen und dadurch das Optimum für sich heraussuchen. Er sagt sich nicht bereits im Vorfeld, dass er etwas bestimmtes nicht kann, sodass er es gar nicht erst versucht, sondern sondiert seine Möglichkeiten, die Rahmenbedingungen und letztlich konstruiert und plant er die Durchführung. Steht an deren Ende eine Chance auf Erfolg, so setzt er den Plan um. Der Mensch ohne Eigenliebe hingegen hätte den Plan gar nicht erst erstellt.

4 *Menschen, die sich selbst lieben,* wirken attraktiver als andere. Die Eigenliebe schafft eine Ausstrahlung, die als positive und anziehende Aura wahrgenommen wird. Unbewusst ist die Körpersprache eine selbstbewusstere und klarere, die sympathisch und erfolgreich bei anderen rüberkommt. Der Blick ist offener und freundlicher und die Haltung gerader und dominanter. Männer mit Selbstliebe haben deutlich mehr Erfolg bei Frauen und umgekehrt wirken Frauen mit Selbstliebe auf Männer begehrenswerter. Schließlich ist die Selbstliebe der Beweis, dass es sich bei der Person um jemanden handelt, der es wert ist, geliebt zu werden.

5 *Menschen, die sich selbst lieben,* können besser mit Kritik umgehen und sind generell weniger streitlustig als Menschen, die sich nicht vollständig annehmen können. Sie akzeptieren Urteile anderer als externe Meinung, die es mit dem eigenen Weltbild abzugleichen gilt, statt sie als Angriffe auf die eigene Person fehlzuinterpretieren. Dadurch werden sie durch Kritik nicht geschwächt, sondern gehen gestärkt aus ihr hervor. Außerdem verschwenden sie keine Zeit für unnötige oder repetitive Gedanken und lassen sich nicht durch externe Einflüsse die innere Stimmung trüben.

6 *Menschen, die sich selbst lieben,* nehmen ihre Ziele ernst, statt sie nur als Träume und Wünsche zu betrachten. Wer sich selbst liebt, dem sind die eigenen Interessen wichtig, sodass er auch für sie arbeitet und für sie brennt. Jemand, der unzufrieden mit der eigenen Person ist, wird dieser Person nicht den Gefallen tun, ihre Wünsche zu erfüllen. Doch wer mit sich im Reinen ist, der ist sein eigener bester Freund und wird sich deshalb selbst jeden Wunsch von den Augen ablesen. Weil er es sich wert ist. Und dieser Selbstwert wirkt sich nicht nur auf die eigene Wahrnehmung aus, sondern wird auch von anderen Menschen registriert. Das führt dazu, dass Menschen, die sich selbst wertschätzen, viel mehr Hilfe und Unterstützung von Dritten bekommen. Schließlich hilft niemand gern jemandem, der sich selbst nicht helfen würde. Doch wer die eigenen Ziele ernst nimmt, dessen Ziele werden auch eher von anderen ernst genommen.

7 *Menschen, die sich selbst lieben,* sind geselliger, sozialer und beliebter. Wenn man die Wahl hat, umgibt man sich lieber mit einer fröhlichen und vor allem positiven Person. Gemeinsame Zeit mit einer aufgeschlossenen und in sich ruhenden Person zu verbringen, macht viel mehr Spaß, als sich mit einem Trauerkloß zu umgeben, der im eigenen Selbstmitleid badet. Diese höhere Sozialität ist darüber hinaus ein sich selbst verstärkender Prozess, da die höhere Beliebtheit das eigene Verhalten positiv bestätigt und damit noch weiter verbessert. In der Folge erhöht sich die Popularität im eigenen Bekanntenkreis immer mehr. Außerdem wächst dieser durch die Selbstliebe stetig, da positive Menschen andere Menschen automatisch anziehen.

8 *Menschen, die sich selbst lieben,* sind emotional ausgeglichener und können besser in sich ruhen. Nichts bringt sie aus der Balance, da sie wissen, was sie an sich haben und dass sie wichtig sind. Wenn Probleme auftreten, werfen sie nicht gleich das Handtuch oder reagieren unbesonnen, sondern können die Lage objektiv einschätzen und sinnvoll ermitteln, was zu tun ist, um das Problem zu lösen. Sie sparen damit Zeit und Nerven und werden viel seltener in unangenehme Situationen gebracht.

9 *Menschen, die sich selbst lieben,* finden Bestätigung und Kraft in den Dingen, die sie tun und vor allem in den Ergebnissen, die sie erreichen. Sie sind nicht auf das Lob anderer angewiesen, um stolz auf die eigene Leistung zu sein. Trotzdem sind sie in der Lage, lobende Worte produktiv anzunehmen, sich über sie zu freuen, statt sich zu schämen und damit ihr positives Verhalten weiter zu bestärken. Außerdem können sie sich auch selbst loben, ohne arrogant zu sein und schöpfen Energie aus greifbaren Dingen, statt sich von Abstraktionen runterziehen zu lassen.

10 *Menschen, die sich selbst lieben,* sind gesünder, fitter und leistungsfähiger. Sie betrachten ihren Körper nicht als Einschränkung, sondern als lebenslangen Begleiter und positiven Erfüllungsgehilfen der eigenen Ziele. Sie nehmen ihren Körper so an, wie er ist. Außerdem behandeln sie ihn pfleglicher und mit größerem Respekt. Sie achten mehr auf eine gesunde Ernährung, treiben regelmäßiger Sport und trauen sich physisch mehr zu. Das erhöht sowohl die Lebenserwartung als auch die Lebensqualität.

Solltest du auch nur ein paar der Vorteile jetzt schon in Ansätzen an dir selbst feststellen, haben sich die vergangenen Tage bereits gelohnt und du weißt, dass du die erlernten Methoden des letzten Kapitels mit Erfolg weiter fortführen kannst. Es ist übrigens völlig normal, dass du noch nicht jeden der positiven Aspekte an dir beobachtet hast. Die Kultivierung der eigenen Selbstliebe ist ein Prozess und die Ergebnisse kommen natürlich mit einer gewissen Verzögerung. Du erinnerst dich sicher noch an den Vergleich zwischen Marathon und Sprint im letzten Kapitel.

Wenn du die Methoden des letzten Kapitels dauerhaft verfolgst und es schaffst, sie zur Gewohnheit in deinem Alltag werden zu lassen, dann verspreche ich dir, dass du Stück für Stück jeden der genannten Vorteile in deinem Leben erreichen wirst. Aus der Erfahrung heraus benötigen die ersten positiven Ergebnisse am meisten Zeit. Sei also nicht betrübt, wenn du noch keinen der Vorteile an dir erkennen konntest. Wie so oft ist der erste Schritt der schwierigste und das ist übrigens auch der Grund, weshalb so viele Menschen bei der Arbeit an ihrer Selbstliebe scheitern.

Ich sage bewusst "Arbeit an ihrer Selbstliebe", da die Verwirklichung der Vorteile und die Implementierung der Methoden in den Alltag echte Arbeit bedeuten. Aber diese *Arbeit* wird sich für dich auszahlen. Denn sobald du die ersten Erfolgserlebnisse hast und die ersten positiven Aspekte deiner frisch erlernten oder entdeckten Selbstliebe feststellst, dann wird der Prozess zu einem Selbstläufer, der fast automatisch voranschreitet. Wenn du den Anfangswiderstand überwunden hast, kommen die Vorteile Schlag auf Schlag, da hier wieder das Gesetz der Anziehung wirkt.

In einem der Vorteile sprach ich von einer *Gravitationswirkung*. Du kennst vielleicht Floskeln wie "Wer schon alles hat, bekommt auch noch Rabatt" oder "Der Teufel sch**** immer auf den größten Haufen." Solche

Sprüche klingen platt (teilweise sogar vulgär), haben aber einen hochinteressanten Hintergrund: Ein erfolgreicher Mensch hat bereits bewiesen, dass er erfolgreich sein kann. Deshalb bekommt er auch mehr Möglichkeiten und Angebote, erneut erfolgreich sein zu können.

Du kannst dir deine Selbstliebe auch wie das Guthaben auf einem Sparkonto vorstellen. Um dafür zu sorgen, dass dieses Guthaben wächst, musst du erst einmal etwas investieren, sprich Geld einzahlen. Solange noch wenig Geld darauf ist, sind auch die Zinsen sehr gering. Zwar ist der Prozentsatz deiner Verzinsung immer weitestgehend gleich, aber der tatsächliche Wert, der deinem Konto gutgeschrieben wird, ist natürlich abhängig vom Gesamtkapital. Je größer aber dieses Kapital wird (also je mehr du an deiner Selbstliebe arbeitest und je mehr du durch sie positiv bestätigt wirst), desto größer ist der Betrag der Zinsen.

Momentan ist dein Kapital vielleicht noch recht klein und entsprechend niedrig ist deine Verzinsung (mit anderen Worten: die Vorteile deiner Selbstliebe). Doch je mehr du weiter daran arbeitest und die kleinen Zinserträge deinem Gesamtkapital gutgeschrieben werden, desto exponentieller wird der Effekt. Damit meine ich, dass du in Zukunft viel weniger Aufwand betreiben musst, um gleiche oder sogar bessere Ergebnisse zu erreichen. Du hast dann nämlich eine *Gravitation* an Selbstliebe und Erfolg geschaffen, die ähnlich wie ein Schneeball, der ins Rollen gebracht wurde, immer mehr Schnee auf einmal aufnehmen kann und deswegen auch *exponentiell* größer wird.

Be You
Be True
Just Be

Kapitel 6: Tag 21-25

Wie du deine Selbstliebe dauerhaft aufrecht erhältst

Den größten Teil deiner Reise zu mehr Selbstliebe hast du bereits hinter dir. Du weißt, welche Konsequenzen eine schwach ausgeprägte Eigenliebe mit sich bringt. Du kennst Methoden, deine Selbstliebe aufzubauen und du weißt, welche Vorteile du daraus ziehst. Was könnte dir jetzt also noch im Weg stehen? Die Antwort habe ich dir zu Anfang des Buches bereits in einem Nebensatz gesagt: Ich möchte dich nicht nur kurz anheizen, damit du vorübergehend vor Selbstliebe glühst, sondern ich möchte eine dauerhafte Verbesserung bei dir herbeiführen und ein Fundament der Selbstliebe in dir aufbauen, dass durch nichts und niemanden erschüttert werden kann und auf dem du jederzeit wieder aufbauen kannst, wenn in deinem Leben Probleme, Herausforderungen oder ungewohnte Situationen auftauchen. Durchhaltevermögen lautet hier das Stichwort.

Wir schauen uns deshalb in diesem Kapitel an, wie du verhinderst, dass du in alte Muster zurückfällst, dich negativ von deinem Umfeld beeinflussen lässt und wie du es schaffst, auch in schwierigen Zeiten eine positive Einstellung und eine ausgeprägte Selbstliebe zu bewahren. Wir gehen die drei Punkte Schritt für Schritt durch und ich bitte dich, in den kommenden fünf Tagen auf die Anzeichen zu achten, die deine Selbstliebe minimieren können und deine Schritte, dies zu vermeiden, unter die jeweiligen Punkte in diesem Kapitel aufzuschreiben. Wie immer habe ich dir ein paar freie Zeilen dafür reserviert und wie immer darfst du dir gern auch einen Extra-Zettel dafür nehmen.

Wenn du in Zukunft auf Hindernisse stößt, kannst du immer wieder dieses Kapitel aufschlagen und dir meine Lösungsvorschläge und deine tatsächliche praktische Durchführung anschauen und daraus nicht nur Kraft schöpfen, sondern den nötigen Input ziehen, der dir hilft, dauerhaft im Reinen mit dir selbst und erfolgreich zu sein.

1. Alte Gewohnheiten für immer loswerden

Die häufigste Ursache, weshalb du in alte Gewohnheiten zurückfallen könntest, liegt in einem einmaligen Scheitern. Sehr oft habe ich beobachtet, wie zu Anfang hochmotivierte Personen einige der in diesem Buch beschriebenen Methoden umgesetzt und auch die 30 Tage oder länger durchgehalten haben. Eigentlich hätte also die neue Lebensweise bei ihnen eine Gewohnheit sein müssen, die für immer bleibt. Leider ist es nicht ganz so einfach.

Bekannte Fallstricke können der Zufall, eine Krankheit, Stress, übermäßig viele Verpflichtungen oder auch eine Urlaubsreise sein. All diese Punkte können einzeln dazu führen, dass du für einen oder mehrere Tage mit den Methoden aussetzt und in deinem Flow der Selbstliebe einen Strömungsabriss bekommst. Doch eines musst du dazu wissen: Solche Ausnahmen sind völlig normal und kein Grund, aufzugeben.

Du kennst vielleicht Raucher oder Trinker, die es geschafft

haben, ihr Laster für längere Zeit loszuwerden. Teilweise können diese Abstinenzphasen Jahre andauern, doch dann genügt ein kleines Bier, eine schnelle, unüberlegte Zigarette und schon passiert der Rückfall. Dabei ist der psychologische Prozess, der beim Rückfall im Hintergrund abläuft, sowohl ärgerlich als auch vermeidbar.

Wir Menschen neigen dazu, uns an Zahlen und an verbindliche, belastbare Fakten zu klammern. Der Alkoholiker zählt in der Regel jeden Tag, den er trocken ist und ist stolz auf die immer größer werdende Menge. Trinkt er aber auch nur ein winzig kleines Bier, so ist diese Zahl mit einem Mal wieder auf den Wert 0 gesetzt, sodass er theoretisch wieder von vorn anfangen müsste. Das führt selbstverständlich zu einem Gefühl der Demotivation und des Versagens. In der Folge sagt sich der Scheiternde: "Jetzt ist es sowieso vorbei. Es spielt keine Rolle mehr, ob ich abstinent bleibe. Ich habe ja schon verloren." Und schon verfällt er wieder in alte Muster.

Doch das muss nicht sein. Denn eines ist unumstößlich: Zufälle können passieren. Krankheiten können auftreten. Und es kann auch manchmal so stressig in deinem Leben sein, dass du schlichtweg die stille Stunde, deine genaue Wochenplanung nach den vier Lebensbereichen oder deine programmierenden Sätze am Morgen und am Abend vergisst. Das ist aber kein Beinbruch und völlig normal. Statt daran zu scheitern, kannst du solche Situationen sogar nutzen, um an ihnen zu wachsen.

Wichtig ist die Selbstreflektion. Beobachte dein temporäres Scheitern wie ein Außenstehender und analysiere, wie es dazu kommen konnte. Erstelle dir eine Lösungsstrategie, wie du genau diesen Grund zukünftig vermeiden kannst und betrachte den Rückschlag nicht als einen Fehler, sondern als einen weiteren Baustein, der zu einer starken Selbstliebe beiträgt. Wenn Zahlen für dich wichtig sind, dann betrachte einmalige Rückfälle nicht als eine Zurücksetzung. Wenn du zum Beispiel 30 Tage lang jeden Tag deine „stille Stunde" gemacht hast und an einem Tag ist sie - aus welchem Grund auch immer - ausgefallen, dann kannst du den Prozess (zu ergründen, woran es lag und Lösungen zu erschaffen, es künftig zu verhindern) als wichtigen Teil deiner Entwicklung betrachten. Die 30 Tage fallen nicht automatisch auf 0 zurück. Das tun sie nur, wenn du nichts dagegen unternimmst und das Handtuch wirfst.

Sobald du aber selbstreflektiert an einer Lösung arbeitest, beweist du Stärke, Vernunft und den Willen, weiter an dir zu arbeiten. Es ist kein Zeichen von Schwäche, einen Fehler zu begehen. Schwach wäre es nur, wenn du ihn ständig wiederholst. Erlaube dir selbst Rückschläge, um an ihnen wachsen zu können. Du musst schließlich das Negative kennen, um es vom Positiven abgrenzen zu können. Wenn du mit Rückschlägen souverän umgehst, dann kann dich nichts mehr aufhalten und deine Selbstliebe erblüht hinterher noch stärker als zuvor.

2. *Immunität gegen Beeinflussung*

Ich breche nun eine Regel beim Schreiben eines Ratgeberbuches und konfrontiere dich mit zwei Fachbegriffen, die du vielleicht noch nicht gehört hast. Sie sind aber wichtig, um zu verstehen, warum Dritte dich womöglich beeinflussen werden und warum sie dir von der einen oder anderen Methode abraten werden und vor allem, warum diese Beeinflussung deinen Selbstliebeprozess nicht stören darf.

Heuristik und der Halo-Effekt lauten die Fachbegriffe. Unter Heuristik versteht man das Ziehen von Schlussfolgerungen, obwohl man nicht alle Informationen über ein Thema besitzt. Jeder Mensch hat eine Heuristik. Mit anderen Worten: Jeder Mensch weiß bestimmte Dinge, aber es gibt auch Dinge, die er nicht weiß. Und nun kommen wir zum Halo-Effekt: Wenn wir eine Aussage über etwas treffen, was wir nicht genau wissen, dann nutzen wir Informationen, die wir bereits besitzen und versuchen mit ihrer Hilfe, auf das Unbekannte zu schließen.

Das klingt alles noch sehr technisch, aber ich möchte es dir an einem Beispiel erklären: Stell dir eine Person vor, die

dich schon mal beim Scheitern beobachtet hat. Entweder bei einer Sache wie mit dem Rauchen aufzuhören, eine Unternehmung zu gründen oder ein bestimmtes Ziel in einer gewissen Zeit zu erreichen. Nun erzählst du dieser Person von deinem Plan, durch bestimmte Methoden zu mehr Selbstliebe zu gelangen. Was geht also im Kopf der Person vor? Sie weiß bereits um dein vorheriges Scheitern. Das ist sozusagen die Heuristik, die sie besitzt. Außerhalb ihrer Heuristik befindet sich das Nicht-Wissen. Nämlich das Nicht-Wissen darüber, wie ernst es dir mit deiner Selbstliebe ist. Nun kommt aber der Halo-Effekt ins Spiel. Dadurch, dass die bekannte Information im Scheitern besteht, wird von dieser Information auf dein Selbstliebevorhaben geschlossen und die Reaktion deines Bekannten könnte lauten:
"Ach, das klappt doch sowieso nicht."

Es hat sich deshalb bewährt, bei negativem Feedback folgende Fragen zu stellen: *Was weiß die Person? Was kann sie wissen? Was weiß die Person nicht? Wie könnte ihre Schlussfolgerung entstanden sein?*

Immer, wenn du auf Meinungen stößt, egal ob sie positiv oder negativ sind, solltest du ihren Wert und ihre Aussagekraft danach ermitteln, über welche Heuristik die Person verfügt, die die Aussage trifft und abwägen, ob hier nicht ein Halo-Effekt vorliegt. Wenn du das tust, kannst du gerechtfertigtes Feedback von Mutmaßungen und Unterstellungen trennen und selbstbewusst und objektiv entscheiden, ob du das Feedback annimmst und umsetzt oder ob du es ablehnst.

3. Selbstliebe auch in schwierigen Zeiten

Jeder hat mal einen schlechten Tag, an dem ihm nichts Gutes zu gelingen scheint und an dem offenbar alles schiefgeht. Auf dem Weg zur Arbeit ist Stau oder der Zug hat Verspätung, der Kaffee ist alle, weil jemand vergessen hat, ihn aufzufüllen und zu allem Überfluss reißt deine Hose an einer peinlichen Stelle, weil du dich zu beherzt vornübergebeugt hast. Ein sogenannter Sch***tag also.

Im ersten Punkt haben wir darüber gesprochen, dass du, solltest du an einem solchen Tag in alte Muster zurückfallen, nicht zu verzagen brauchst, sondern am darauffolgenden Tag einfach mit neuer Energie und vor allem einem erweiterten Wissen weitermachen kannst. Doch wie genau verhältst du dich an einem Tag der Niederlagen? Und wie verhältst du dich, wenn es sich nicht nur um einen, sondern um mehrere Tage handelt, an denen alles schiefzulaufen scheint?

Besinnung lautet hier das Zauberwort. Besinne dich auf deine Erfolge und mache sie dir so intensiv und möglichst auch visuell bewusst, wie es nur geht. Lies dir lobende Worte von Personen durch, die du schätzt. Erinnere dich an Erlebnisse, in denen du erfolgreich warst und die dir ein Lächeln ins Gesicht zaubern bzw. gezaubert haben und vergegenwärtige dir deine motivierenden Ziele, die du hast. Akzeptiere den Gegenwind als einen vorübergehenden Zustand, an dem du wachsen kannst und der dich stärker macht.

Wichtig ist, dass du an derartigen Tagen den Aufbau deiner Selbstliebe und die Erfüllung deiner Ziele nicht in Zweifel stellst. Durchhaltevermögen ist in diesem Fall eine notwendige Grundlage und eine entscheidende Eigenschaft, um die eigenen Ziele zu erreichen. Ich möchte an dieser Stelle noch einmal die Regel bezüglich der Fachbegriffe in Ratgeberbüchern brechen. Es ist überhaupt nicht schlimm, wenn du dir Wörter wie Heuristik, Halo-Effekt und den jetzt folgenden nicht für immer merkst. Entscheidend ist, dass du mit ihren Konsequenzen umgehen kannst.

Der dritte Begriff lautet: Rückkopplungseffekt. Es gibt positive und negative Rückkopplungseffekte und ursprünglich hat man sie in der Natur und in der Wirtschaft, später dann auch in der Informatik entdeckt. Wenn du einen dieser Sch***tage erlebst, dann bist du mitten in einem negativen Rückkopplungseffekt und so merkwürdig es auch klingen mag: Das ist etwas Positives.

Ein positiver Rückkopplungseffekt würde bedeuten, dass

dir ständig gute Dinge passieren und du fortlaufend Erfolg hast. Das ist aber tatsächlich etwas Negatives, da in der Natur bzw. in der Realität solche Effekte nur einen einzigen möglichen Ausgang kennen: Den Kollaps. Alles was ohne Gegenkraft und ohne Widerstände steigt, erreicht irgendwann einen kritischen Punkt und fällt in sich zusammen. In der Natur kann man das an Reproduktionsraten von Tieren erkennen, in der Wirtschaft an Aktienkursen und in der Informatik an fraktalen Rechenprozessen.

Bei einem negativen Rückkopplungseffekt wird die Steigung immer mal wieder durch ein kleines Tal unterbrochen (quasi so, wie auch die meisten Aktienkurse graphisch dargestellt aussehen). Negative Rückkopplungseffekte können in der Theorie endlos weitergehen und sind nicht von einem Kollaps bedroht. Für deine Selbstliebe heißt das: Jeder Rückschlag ist für dich eigentlich ein Gewinn, da er deinen Prozess am Laufen hält und dafür sorgt, dass du keinen Zusammenbruch, sondern ein ständiges und stetiges Wachstum deiner Persönlichkeit erlebst.

Es mag dir komisch vorkommen, aber ich möchte dir ein Geständnis machen: Ich freue mich über jeden Fehler, der mir passiert und ich begrüße so manche negative Erfahrung. Beide geben mir die Möglichkeit, mich noch weiter zu entwickeln, noch mehr zu wachsen und noch mehr zu lernen. Außerdem zeigen sie mir, dass ich auf dem richtigen Weg bin und lassen mich wissen, wo genau ich mich noch verbessern kann.

Wenn es dir gelingt, bei einem Rückschlag ein Lächeln sowie deine positive Attitüde zu bewahren und das Problem mit hochgekrempelten Ärmeln, voller Energie und ungebremster Motivation anzugehen, dann kannst du dich wahrhaft erleuchtet nennen und dann wird kein noch so ärgerlicher und bescheidener Tag deine Selbstliebe aufhalten können.

____

____

____

____

____

____

____

____

____

____

Nun bist du gewappnet gegen alle Stolpersteine, die dir auf deinem Weg zu Erfüllung und Glück im Weg stehen können und weißt, wie du sie gekonnt umgehst oder gekonnt mit ihnen umgehst. Du hast all das Handwerkszeug bekommen, mit dem du dich selbst in die höchsten Höhen katapultieren, ein Leben in geistigem und materiellem Wohlstand führen und mit dem du dieses Leben auch noch dauerhaft bewahren kannst.

Im nächsten Kapitel werden wir die vergangenen Wochen noch einmal Revue passieren lassen, noch einmal in Kürze die wichtigsten Informationen zusammentragen und ich gebe dir noch ein paar letzte Hinweise und Hilfsmittel mit auf den Weg, die deiner bereits erwachenden Selbstliebe das sprichwörtliche Sahnehäubchen aufsetzen. Ich freue mich auf unser gemeinsames letztes Kapitel und warte in fünf Tagen auf der nächsten Seite auf dich.

Schluss: Tag 26-30

Schlussworte und ein motivierender Bonus

Unsere Reise neigt sich dem Ende entgegen, lieber Leser. Nach diesem Kapitel bist du auf dich allein gestellt. Lass uns deshalb die letzte gemeinsame Woche intensiv nutzen und dem Aufbau deiner Selbstliebe die wohlverdiente Krone aufsetzen. Bevor ich dich aus dem Buch als neuen Menschen entlassen kann, wartet noch ein Stückchen Arbeit auf dich. Wie schon im vorigen Kapitel erwähnt, sind dein Durchhaltevermögen und deine Disziplin enorm wichtige Stützpfeiler für deine Persönlichkeitsentfaltung.

Wiederholung ist die Mutter der Weisheit. Du ahnst vielleicht, was ich mit diesem Satz meine. Ganz genau, ich bitte dich, die kommenden Tage zu nutzen und dieses Buch *noch einmal* durchzuarbeiten. Von der Einleitung bis hierher. Ich möchte, dass du den Selbsttest noch einmal durchführst, dass du die Methoden zur Selbstliebeentwicklung vertiefst und verinnerlichst und dir noch einmal sowohl über die Gründe einer mangelnden als auch über die Vorteile einer ausgeprägten Eigenliebe bewusst wirst. Schau dir noch einmal an, wie du die Liebe zu dir selbst auch in schwierigen Zeiten aufrechterhältst und wie du aus einem Probieren eine Gewohnheit entwickelst.

Wiederholung ist die Mutter der Weisheit. Nein, es ist kein Schreibfehler, dass dir dieser Satz zweimal in diesem Kapitel begegnet. Genauso wie du die praktischen Tipps und Methoden immer wieder anwenden und wiederholen sollst, sollst du auch dieses Buch immer wieder zur Hand nehmen, es studieren, dich neu motivieren und den Inhalt so verinnerlichen, dass er dauerhaften Einzug in dein Leben hält.

In der Einleitung versprach ich dir, dass ich dich nicht einfach nur anheizen möchte, nur damit das Licht der Glut erlischt, sobald du das Buch beendet und beiseite gelegt hast. Vermutlich ist dies auch nicht dein erstes Buch über Persönlichkeitsentwicklung. Die Wahrheit ist jedoch, dass die meisten Bücher dieser Art nur auf kurzfristige Erkenntnisse ausgelegt sind. Verstehe mich bitte nicht falsch. Kein Autor schreibt mit Absicht ein Buch, welches keinen langfristigen Nutzen bietet. Das Problem ist einfach, dass es vielen Coaches schwerfällt, anderen zu erklären, wie sie zu ihrem Erfolg gekommen sind. Sie verlassen sich deshalb auf markige Sprüche, die gut klingen und Sinn ergeben, dich letztlich aber nicht weiterbringen.

Du kennst sicherlich folgenden Effekt: Du liest ein paar Tipps und Erkenntnisse, denen du voll und ganz zustimmst und denkst, dass du nun endlich den Schlüssel zu einem besseren Selbst in der Hand hältst. Hochmotiviert steckst du diesen Schlüssel ins Schloss deines Geistes ein und drehst. Und dann drehst du weiter und weiter und nachdem auch nach der dritten Drehung nichts passiert ist, gehst du davon aus, dass mit deinem Schloss etwas nicht stimmt. Der Gedanke, es könnte am falschen Schlüssel liegen, kommt dir nicht. Demotiviert konstatierst du, dass die Tipps einfach nichts für dich sind und gehst vielleicht zum nächsten Buch oder zum nächsten Coach über, in der Hoffnung, er könne dein Schloss reparieren, damit der Schlüssel endlich passt.

Ich kann dich beruhigen: Mit deinem Schloss ist alles in bester Ordnung. Der Fehler liegt schlicht und einfach darin, dass nachgemachte Schlüssel oftmals nicht richtig passen. Nur weil der eine oder andere Spruch dem Autor des Erfolgsbuches geholfen hat, heißt das nicht, dass dieser auf dich dieselbe Wirkung hat. Jeder Mensch ist anders und jeder Mensch ist etwas Besonderes. Deshalb hast du in diesem Buch auch nicht *meinen* Weg zum Erfolg kennengelernt, sondern das Kondensat vieler Wege. Du hast nicht *die* Methode zu mehr Selbstliebe kennengelernt, sondern gleich 9 verschiedene. Nun liegt es an dir, herauszufinden, welche der Hilfsmittel und Werkzeuge dieses Buches dir den größten Nutzen bieten.

Das hier ist nun der letzte Absatz, den du bitte vor deinem zweiten Durchlesen bzw. dem zweiten Durch*arbeiten* liest. Sobald er zu Ende ist, gehst du wieder auf Seite 1 und beginnst von vorn. Im Anschluss kommst du hierher zurück und nutzt die freien Zeilen, die gleich folgen werden, um deine Erkenntnisse und Gedanken aufzuschreiben, die du beim ersten Mal noch nicht hattest und die dir erst durch die Kraft der Wiederholung in den Sinn kamen. Los geht's.

Willkommen zurück. Ich hoffe, du konntest viele gute, neue Erkenntnisse gewinnen und musstest dir dafür sogar einen Extra-Zettel nehmen, weil die wenigen freien Zeilen nicht ausgereicht haben. Als kleines Dankeschön und als Motivation für deinen weiteren Weg zu mehr Selbstliebe möchte ich dir noch einen Bonus mit auf den Weg geben. Wir werden nun aus den 9 Methoden 12 machen.

„Warum nicht schon eher?", fragst du dich jetzt. Es hat einen Grund, weshalb ich dir die letzten drei Hilfsmittel erst ganz am Ende mit auf den Weg gebe. Zum einen bekommt jeder gern Geschenke und wird gern positiv überrascht. Und zum anderen helfen dir die folgenden Tipps am meisten, wenn du bereits eine Basis aufgebaut und die vorigen Methoden verinnerlicht hast. Dadurch, dass du sie bereits seit ein paar Wochen anwendest und sogar schon ein zweites Mal gelesen hast, bist du nun bereit, auf ihnen aufzubauen und den größtmöglichen Nutzen aus den neuen drei Methoden zu ziehen.

1. *Gemeinsam ist man stärker*

Schon Napoleon Hill schrieb in seinem Buch "Denke nach und werde reich", dass Kooperation einer der wichtigsten Grundpfeiler für Erfolg ist. Sicherlich kennst du das Phänomen, dass eine Gruppe von Sportlern viel disziplinierter und regelmäßiger trainiert, als wenn nur eine einzelne Person sich zu jeder Übungseinheit alleine aufraffen muss. Indem man sich gemeinsam zu etwas verpflichtet, erhöht man die dahinterliegende Ernsthaftigkeit und ist deshalb eher bereit, die Verantwortung für das Gelingen zu übernehmen. Schließlich will man ja niemanden hängen lassen.

Ich empfehle dir deshalb, dem einen oder anderen guten Freund, einem Familienmitglied oder einem nahestehenden Kollegen von deinem Weg zu mehr Selbstliebe zu erzählen. Wenn du der Person einen Gefallen tun möchtest, dann schenke ihr dieses Buch und versprich ihr, dass ihr gemeinsam die Methoden anwendet und euch darüber austauscht. Vielleicht zieht dein Selbstliebe-Partner noch mehr oder andere Erkenntnisse und Ideen heraus, die auch dir helfen werden und umgekehrt hilfst du ihm, ebenfalls besser zu werden und an sich zu arbeiten. Nehmt euch gegenseitig in die Pflicht und wachst zusammen an der gemeinsamen Arbeit. Durch den Austausch gewinnt ihr nicht nur neues Wissen, ihr vertieft das bereits gelernte auch noch auf effiziente Art und Weise.

2. *Wer lehrt, muss weniger lernen*

Diesen Effekt hast du vielleicht in der Schule, im Studium oder in der Ausbildung kennengelernt: Sobald jemand ein Referat über ein Thema vor der ganzen Klasse gehalten hat, war dieser Jemand fortan derjenige, der am meisten darüber wusste. Dabei spielt es keine Rolle, ob das Thema dem Referenten lag und ob er vorher schon Erfahrungen darin gesammelt hat. Allein die Tatsache, anderen etwas beizubringen und ihnen etwas zu erklären, sorgt dafür, dass man sich selber intensiver und wirkungsvoller damit auseinandersetzt. Wenn du also die Methoden und Hilfsmittel zu mehr Selbstliebe am besten und am nachhaltigsten verstehen möchtest, dann erkläre sie einer anderen Person. Du wirst feststellen, dass du bereits bei deinen Erklärungen selbst neue Erkenntnisse gewinnst und dein Wissen auf eine Weise vertiefst, die du durch reines Selbststudium nie erreicht hättest. Und der positive Nebeneffekt ist: Du hilfst gleichzeitig einer anderen Person, sich weiterzuentwickeln.

3. *Probiere jeden Tag etwas Neues aus*

Viele Menschen sind deshalb nicht glücklich, weil sie gar nicht wissen, was sie glücklich macht. Ein Leben in der Komfortzone klingt zwar im ersten Moment angenehm, bringt dich aber auf Dauer nicht weiter. Stillstand ist nichts anderes als eine langsame Form des Rückschritts. Wenn du es dir zur Angewohnheit machst, jeden Tag etwas auszuprobieren, was du vorher noch nie getan hast, dann bringst du nicht nur mehr Spannung und Abwechslung in dein Leben, es passieren auch noch zwei andere Dinge: Einerseits erfährst du mehr über dich selbst und findest heraus, wo deine Neigungen und deine Bedürfnisse liegen, und andererseits erweiterst du Stück für Stück deine Wohlfühlzone, sodass es für dich irgendwann völlig normal ist, Unbekanntes zu probieren und neue Herausforderungen zu suchen. Das, was sich vorher in der Angstzone abgespielt hat und wovor du im besten Fall Respekt und im schlimmsten Fall Panik hattest, ist nun deine neue Komfortzone geworden. Sobald du diesen Punkt erreicht hast, kann dich nichts mehr aufhalten und deine Persönlichkeit, deine Selbstliebe und dein Erfolg steigen von Tag zu Tag in die luftigsten Höhen empor.

Das Ende ist auch ein Anfang

Dieses Buch mag nun zu Ende sein und auch wenn es keine neuen Worte und Kapitel mehr zu lesen gibt, fängt deine Reise im Grunde genommen gerade erst an. Am besten legst du dir dieses Buch auf Wiedervorlage, sodass du es in regelmäßigen Abständen neu durcharbeitest. Du wirst dabei feststellen, dass du mit jedem Mal beim Selbstliebetest besser abschneiden wirst und die 9+3 Methoden immer besser in deinen Alltag integriert sein werden.

Immer, wenn du dir unsicher bist, wenn du an dir zweifelst, auf Widerstände stößt oder es dir nicht gelungen ist, alte Gewohnheiten zu durchbrechen und neue zu etablieren, dann kannst du dieses Buch aufschlagen und im entsprechenden Kapitel nachlesen, um neue Kraft, neue Ideen und vor allem neue Motivation zu schöpfen. In

einem oder zwei Jahren wirst du auf deine in die freien Zeilen geschriebenen Worte schauen und denken: "So war ich mal. Und so habe ich mal gedacht. Seitdem hat sich in meinem Leben viel verändert. Ich bin gereift und habe einen noch besseren Menschen aus mir gemacht."
Dadurch, dass wir unser Leben von Tag zu Tag leben und uns ständig selbst wahrnehmen, entsteht bei uns das gleiche Phänomen wie bei Freunden oder Familienangehörigen, die wir täglich sehen: Wir bemerken nicht, wie der jeweils andere altert. Für mich sieht mein bester Freund noch genauso aus wie an dem Tag als wir uns zum ersten Mal in der Schule begegneten. Und obwohl seitdem viele Jahre vergangen sind und sein heutiges Gesicht im Vergleich zu dem auf alten Fotos gänzlich anders aussieht, ist mir diese Veränderung nicht aufgefallen. Schließlich ist er jeden Tag nur um einen Tag gealtert und innerhalb eines Tages verändert sich optisch nicht viel.

Und so ähnlich wird es dir auf deinem Weg zu mehr Selbstliebe auch gehen. Die kleinen Veränderungen und Verbesserungen, die von einem Tag auf den anderen Einzug halten, werden dir nicht sofort auffallen und das kann dazu führen, dass du glaubst, dass überhaupt keine Veränderung stattgefunden hat. Wenn du aber nach einer gewissen Zeit deinen alten Selbstliebetest, deine alten Glaubenssätze und Vorstellungen betrachtest, dann wirst du feststellen, dass sich eine ganze Menge verändert hat. Deswegen war es auch so wichtig, dass du dieses Buch nicht wie einen Roman, sondern wie ein Arbeitsbuch behandelt und viel von dir selbst darin eingebracht hast. Einen besseren Zeitzeugen als dich selbst gibt es in diesem Zusammenhang nicht.

Aus diesem Grund möchte ich meine Aussage von vorhin

um einen wichtigen Punkt erweitern: Immer, wenn du dir unsicher bist, wenn du an dir zweifelst, auf Widerstände stößt oder es dir nicht gelungen ist, alte Gewohnheiten zu durchbrechen und neue zu etablieren, dann kannst du dieses Buch aufschlagen und anhand deiner eigenen Worte überprüfen, wie sehr und wie positiv du dich verändert und entwickelt hast. Wiederholung ist die Mutter der Weisheit. Wiederhole dieses Buch und die Methoden zu mehr Selbstliebe also so häufig, wie du nur kannst. Damit ziehst du den größtmöglichen Nutzen aus der Lektüre und wirst deine Persönlichkeit so effektiv wie möglich entwickeln und entfalten.

Du darfst gespannt sein, wie der Mensch sein wird, der du in einem halben, einem ganzen Jahr oder in mehreren Jahren sein wirst und es war mir eine Freude und eine Ehre, dich auf dem ersten Schritt dahin zu begleiten und dir Starthilfe zu geben. Es ist nun an der Zeit, die Stützräder abzunehmen und dich deinen Weg zur Erfüllung ab jetzt selbstständig und eigenverantwortlich gehen zu lassen. Wann immer du mich brauchst, werde ich in diesem Buch auf dich warten und mit Hilfe der Mutter der Weisheit deinen Kompass neu ausrichten, damit du das Fahrrad deines Lebens sicher auf den Gipfel der Selbstliebe steuern kannst.

Du hast nun viel von mir gelesen und ich würde mich sehr freuen, wenn ich auch etwas von dir lesen darf. Ich bitte dich deshalb, deine in den letzten 30 Tagen erarbeitete Liebe mit mir zu teilen und dieses Buch auf Amazon positiv zu bewerten. Du machst damit nicht nur mir eine Freude, sondern erhöhst auch gleichzeitig die Sichtbarkeit dieses Werks, sodass auch andere Menschen in den Genuss einer wachsenden Selbstliebe kommen können. Damit du ganz einfach auf die Amazon-Seite gelangst, habe ich dir unten einen QR-Code abgedruckt, den du nur noch einzuscannen brauchst. Ich bin sehr gespannt auf deine Worte und deine Meinung und freue mich darauf, von dir zu lesen.

Ich danke dir für deine Geduld, deinen Willen und deine Mitarbeit und ich wünsche dir, dass du all die Ziele, die du dir vor oder im Rahmen der Lektüre gesetzt hast, erreichen wirst. Du bist ein wertvoller und wichtiger Mensch und du hast es verdient, glücklich und mit dir selbst und mit deiner Umwelt im Reinen zu sein.

Bis bald, lieber Leser. Ich freue mich darauf, dir hier erneut zu begegnen.

TU

WAS DU LIEBST

Lebe den

Moment

GLAUBE · AN · DICH

SEI DU

selbst

Haftungsausschluss

Der Inhalt dieses Buches wurde mit großer Sorgfalt geprüft und erstellt. Für sämtliche Inhalte kann jedoch keine Garantie übernommen werden. Dies gilt weder für die Richtigkeit, Vollständigkeit, noch Aktualität der Inhalte. Alle enthaltenen Informationen basieren lediglich auf der eigenen Meinung und persönlichen Erfahrung des Autors.
Der Inhalt darf keinesfalls als medizinische Hilfe gesehen werden. Für selbstverursachte Schäden und Fehlhandlung des Lesers wird daher keine juristische Haftung seitens des Autors übernommen.

Zudem garantiert der Autor keinerlei Erfolge mit den im Buch erwähnten Informationen, da diese wie oben genannt nur auf persönlicher Erfahrung des Autors basieren und lediglich als Unterhaltung dienen sollen. Die Verantwortung für die im Buch beschriebenen Ziele liegt einzig und allein beim Leser selbst.

Gleichzeitig wird keine Haftung für die im Buch angegebenen Quellen und externen Webseiten übernommen. Für all diese Inhalte ist einzig und allein der jeweilige Webseitenbetreiber verantwortlich, weshalb der Autor automatisch von einer Haftung ausgeschlossen ist.

Impressum

1. Auflage 2021

ISBN: 9798769195280

Kontakt: Lukas Taglinger / Plain 8 / 4891 Pöndorf
Covergestaltung: The Cloud Digital
Coverfoto: 99 Designs

Printed in Poland
by Amazon Fulfillment
Poland Sp. z o.o., Wrocław

88395975R00070